区块链

数字经济时代的机遇和风险

如是金融研究院◎著

朱振鑫　张　楠　杨芹芹　严添耀◎主编

人民出版社

目 录

前　言

　　作为聚合了过往技术组合而成的一种分布式数据库，虽然区块链技术起源于 20 世纪末的密码朋克们对个人自由和隐私的看重，但其实区块链早已经在我们的生活中无处不在了。举一个简单的例子，我们经常会看到小说里有这样的情节，有些犯人出狱之后就要搬到一个没人认识的地方去，重新开始新的生活。为什么要搬到一个没人认识的地方？因为家乡的亲戚朋友都知道他过去干过什么，他永远也摆脱不了过去。他的家乡就是区块链。他的亲戚朋友就是区块链上的节点。他做过的坏事都成为亲戚朋友的记忆，成为节点上的记录。

　　他搬走的过程就是从去中心化到中心化，因为在家乡，所有的亲戚朋友都知道他进过监狱，每个节点都有他的犯罪记录，这就是去中心化。而在新的地方，他的过去只记录在警察局这一个节点上，生活在他身边的其他人都不知道，这就是中心化。他的亲戚朋友的记忆不能被抹除，这就是区块链的不可篡改性。

　　那么什么是比特币呢？

　　假设这个犯人刚刚被抓进监狱，需要有一个信使告诉所有的亲戚朋友这个事实，这样才能让大家知道发生了什么。在比特币的系统内，由谁来担当这个信使是需要通过考试竞争的，这是因为一旦被选中就可以获得 50 个比特币，只有分数最高的那个人才可以去告诉所有的亲戚朋友。而挑选这个人的过程就是工作量证明，这个人通过考试获得了 50 个

1

比特币，这个过程就是挖矿。

回到技术的角度，区块链的价值在于它能否对我们生活产生改变。点对点的区块链可以让你在3秒内完成跨国支付，使你的交易成本降低42%。不可篡改的区块链可以让你避免碰到"假"理财，保护财富的安全。不可二次交易的区块链可以让你避免碰到超卖的机票，不再被"暴力驱逐"。安全的区块链可以最大限度地保护自己的隐私，不再有骚扰营销电话。去中心化的区块链可以让你享受共享经济平台的规模溢价，不再有"杀熟"的现象。区块链虽然不是一项完美的技术，但是只要能够对我们的生活产生改变，区块链的价值就无法令人忽视。

历史不会重复，但总会惊人的相似。现在区块链的产业状态很像20世纪初的互联网泡沫。一方面，互联网在出现之初，也像区块链一样被很多人当作骗局。当时衡量一家公司最重要的利润率对于新出现的科技公司完全不适用，网景作为一家没有盈利的公司，上市当日市值就突破了71亿美元。《华尔街日报》曾经评论说，要达到27亿美元的市值，通用动力花了43年，而网景花了大约1分钟。在这之后对于科技公司的评价标准彻底重建，用户为王的时代诞生了很多伟大的公司。

另一方面，两者也同样是在闻风而动资本的炒作下市场进入狂热状态，在极短的时间内泡沫破灭。2000年互联网泡沫破裂后，作为科技股代表的股指纳斯达克指数在泡沫破灭后狂跌了77%。最有名的就是当时股价狂跌94%的亚马逊（见图0-1、图0-2）。当然，那个时候谁也没有想到只用了区区十几年，亚马逊就已经在贝佐斯的带领下，从一家卖书的网站演变成一家集电商、云服务及智能家居等众多业务于一身的巨无霸企业。2018年成为继苹果之后又一家市值破1万亿美元的公司。

（单位：美元）

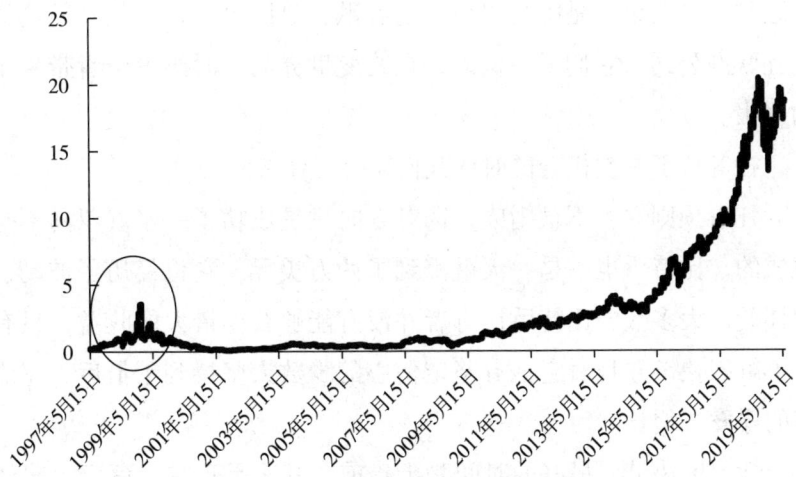

图 0 - 1　1997 年以来亚马逊股价

资料来源：Wind 资讯、如是金融研究院。

（单位：美元）

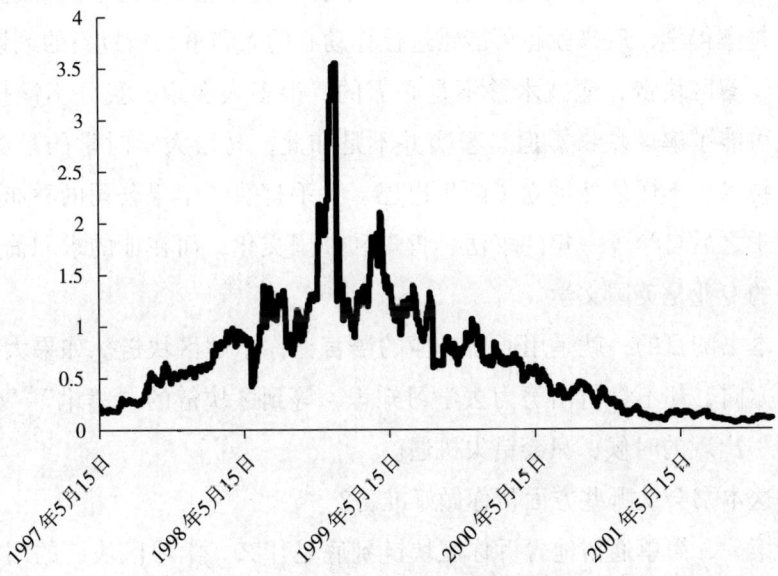

图 0 - 2　亚马逊在互联网泡沫破裂期间股价

资料来源：Wind 资讯、如是金融研究院。

在泡沫之后经历了残酷市场竞争后的胜利者真正地改变了世界。这个胜利者是腾讯，是阿里巴巴，是谷歌，是脸书，是我们耳熟能详的众多互联网公司。它们无一例外，在改变世界的同时给投资者带来了惊人的回报。

在等待下一次机会的时候我们需要干什么？

凡事预则立，不预则废，选对方向只是成功了一半。罗马不是一天建成的，比特币也不是一天就涨到了两万美元，它也经历了波动、回撤和怀疑。大多数的比特币持有者并没有能够获得最大的收益，只有真正地了解区块链并且对它抱有坚定信心的少数人坚持到了最后，完成了财富的爆发式增长。

学习区块链，最好的时间是十年前，其次是现在。蔡康永曾经说过一段话，15 岁觉得游泳难，放弃游泳，到 18 岁遇到一个你喜欢的人约你去游泳，你只好说"我不会"。18 岁觉得英文难，放弃英文，28 岁出现一个很棒但要会英文的工作，你只好说"我不会"。人生前期越嫌麻烦，越懒得学，后来就越可能错过让你动心的人和事，错过新的风景。

学习区块链，懂技术并不是必需的。很多人会说，我并不懂技术，怎么可能了解区块链。但是事实并不是如此，马云大学时学的是英语，一点技术也不懂依然创立了阿里巴巴。一手打造了苹果公司的乔布斯甚至辍学之后自学了一年的书法、哲学和外国文化，而在他的求职简历上所写的专业是英国文学。

本书的目的，就是用通俗易懂的语言让你了解区块链。如果大家选对了方向，却不肯付出努力去学习知识，等到区块链的"腾讯""阿里巴巴"出现的时候，只会错失机遇。

这本书会从哪些方面帮你做好准备？

第一，简单通俗地告诉你区块链到底是什么。学习区块链的门槛并不高，只是市面上大部分的书籍都做不到通俗易懂这个简单的要求。人人都在说的去中心化，到底是什么意思？它的好处在哪里？《货币的非国家化》究竟讲了什么？人们都在说区块链改变了生产关系，那么什么是生产关系？区块链又通过什么改变了生产关系？本书将会用通俗的语言和故事革新你对区块链的认知。

第二，向你讲述区块链怎样改变我们的生活。本书将会为大家系统梳理世界上各个国家对于区块链的政策，以及有哪些寄希望于区块链实现弯道超车的国家？区块链生态中交易所、矿工、项目方等众多参与者扮演了一个什么样的角色？区块链为什么可以应用在其他行业？它是怎样发挥作用的？区块链是怎样一点一点改变我们的生活的？本书将会用细致有趣的内容向你描绘区块链产业的全景图。

第三，教你怎么识破混迹在区块链的骗子。从空气币到传销币，从淘宝制作的白皮书到微信群里出售的代币，一个充满财富机会的行业也一定会充满伺机而动的骗子。不论何时何地，在你被超高的收益率吸引的同时，说不定就有一个人在盯着你的本金，世道如此纷乱，每个人都需要保护好自己的财富，避开区块链投资中的那些坑。本书中，我们将会用翔实深刻的案例帮你避开区块链的陷阱。

基础认知篇

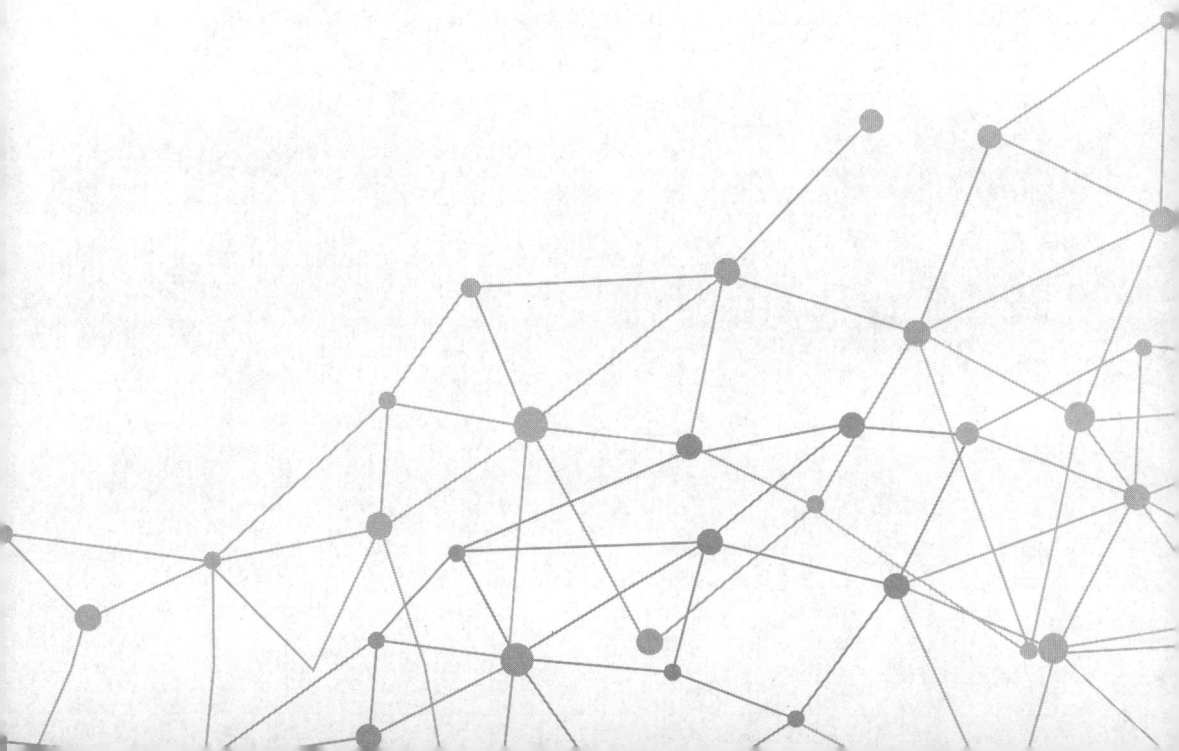

从互联网到区块链： 又一次技术创新

过去十年最疯狂的资产，不是茅台，不是房地产，而是比特币。比特币的价格从 0.003 美元涨到接近 2 万美元，让很多投资者实现了从一万元到一亿元的积累。为什么比特币的涨幅可以轻松超越传统资产的收益率？甚至超越了互联网时代众多的巨头股价的涨幅？归根结底，大家投资的并不单单是比特币，而是投资比特币背后的区块链技术。

一、互联网与区块链

在谈区块链之前，我们需要知道，我们习以为常的互联网为什么被称为一次技术创新？

互联网第一次联通了世界，改变了信息的传递方式。如果从 20 世纪 60 年代的 ARPANET（阿帕网）算起，互联网已经发展了半个世纪。这半个世纪以来，互联网改变了信息的传递方式。信件发送的方式不再是邮差，新闻传递的渠道不再是油墨，搜索资料的方式不再是翻阅书本。

而现在的区块链并不是价值互联网，它改变的是信息的交互方式。原先的信息交互方式是从 A 到服务器再到 B。在这个过程中，A 和 B 只保存自己以及对方的信息。而服务器还保留了除了 A、B 以外的其他人的信息。而区块链里的交互方式则是从 A 直接到 B，各自的信息只由各自以及对方掌握。在这个过程中，服务器这个角色被省略掉了。这也就是我们说的去中心化（见图 1 - 1）。

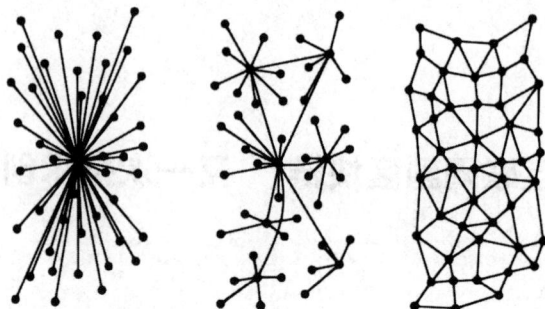

图 1-1 绝对中心化、多中心化、分布式账本（去中心化）

资料来源：BIS、如是金融研究院。

区块链是建立在互联网基础之上的技术创新，它更改了互联网的存在形式。但它的意义却又不止于此。互联网的中心化运营非常契合现实中的股份制公司。所以我们经常看到互联网很多领域竞争到最后，只有几家甚至一家公司通吃整个市场。公司的规模效益被互联网放大到了极致。一旦行业内出现了远超第二的第一名，基本上这个领域里所有的公司都没有了活路。甚至某些关键领域的第一名，可以将公司的规模效益辐射到其他的领域。目前，国内的互联网企业也就只有腾讯、阿里巴巴、百度，还有各种各样的独角兽。归根结底，国内其他做互联网的企业都是在为这几家企业打工。

现在市场对区块链分化成两种对立的观点：支持派认为区块链是一场堪比互联网的技术革命，很多著名的投资人都是站在这一派，因为去中心化更安全更有效率。徐小平在微信群中对被投企业 CEO 分享时提到，区块链的革命已经到来，对传统的颠覆，将比互联网、移动互联网来得更加迅猛、彻底。马化腾对于区块链在票据中的应用也认为具有划时代的意义。

但也有反对派认为区块链是一场彻头彻尾的"郁金香泡沫"，比如著名投资人朱啸虎就认为区块链应用场景有限，去中心化会导致效率低下，而且成本极高。巴菲特在接受采访时甚至表示数字货币最终将以悲剧告终，并且说自己永远不会持有任何数字货币。

笔者认为这两种观点都有些偏颇，区块链技术虽然目前有很多局限性，但也不是一场泡沫。我们应该辩证地看待这个技术，既看到它目前的不足，更要看到它独特的优势。比如美联储前主席伯南克就认为，虽然比特币对于法币和监管的挑战不可能成功，但区块链技术对于提升当前的支付系统尤其是跨境支付的效率是很有用的。

总的来说，区块链技术短期被高估了，而长期又被低估了。短期来看，不论是大家看好的去中心化、安全性等众多特点，归根结底其实就一个问题，去中心化和效率，需要有一定的取舍。以目前区块链技术的成熟情况来看，最适合应用区块链的就是金融业。

二、实现去中心化三要素

去中心化带来的好处毋庸置疑，我们将会在后文中具体讲解。但是为了实现去中心化，有三个要素不可忽视。

（一）完善的"智能"合约

现在的智能合约更应该叫作自动化合约，因为它一点也不智能。我们可以将它理解为可以自动执行的电子合同。很多从事区块链的人最喜欢说的一句话就是代码即法律。也就是说所有合约的执行都要提前设置好 A、B、C。有了 A，可以做 B，然后可以做 C。其实这里面的问题我们一眼就可以看出来。如果所有事情都可以标准化，那么区块链无疑是最好的解决方案。但是世界上并不是单纯的只有黑和白两种颜色，更多的时候还是灰色居多。一个最简单的例子，去中心化的购物时遇到了纠纷怎么办？现有的项目方提供的解决机制都不可避免地回到了中心化的老路上去。当然，也可以通过复杂的智能合约进行规定。但这又带来一个问题，我们知道，越精密的东西越容易出问题。区块链的底层技术安全性很高，但是一旦加入了复杂的智能合约，安全性就会显著下降。过去不是没有这样的案例，比如以太坊就因此出现了硬分叉。

为什么我们说金融是最适合区块链的行业？一个原因就是现有的智能合约的智能程度恰好可以满足金融业的需要。首先，它的产品都是标准化的，不管是股票、债券还是货币，所有的产品都是同质的。其次，它的交易动作只有两个，即买和卖，可以非常简单地被设计到智能合约中去。执行起来也非常简单，只需在链上记录下交易的细节，甚至连产权的转移也一并完成了。

（二）单一的闭环的区块链系统

什么意思呢？就是从前端的资产上链，到后端的合约执行，都必须被囊括在区块链系统里。从前端来说，区块链只能保证诚实记录收到的数据，数据的真实与否实际上是没法确认的。从后端来说，区块链智能合约的执行如何干涉实体？如果我在区块链上完成了知识产权的确权，那么我的权益如何保障？如果有人偷偷盗用了我的成果，但他不在这个区块链系统里，我怎么维护自己的权利？很多领域的区块链应用如果不形成单一闭环，与现有的中心化体系比起来，并没有太大的差别。

这也是区块链契合金融行业的第二个原因，金融资产从前端到后端的闭环非常容易形成。因为很多时候它本身就是电子化的。比特币为什么是最成熟的落地应用？其前端的货币发行是系统里面的，后端的交易也是在系统里面的。区块链目前成熟的应用都是解决了这个最关键的问题。

（三）匹配的区块链环境

这个环境指的是什么呢？主要是当前的计算机运行速度无法满足区块链去中心化要求的速度。很多人对区块链的攻击也正在于此。解决方法有两个，要么区块链通过一定程度的中心化提升自己的处理速率。要么计算机技术出现飞跃，满足区块链每个节点都记录数据的运行需求。对于第一种方法，我们可以简单地理解为去中心化需要每个节点都进行记录，节点越多，速度越慢。因此很多人认为节点数目比较少的联盟链才是区块链的发展方向。实际上现在节点很多的公有链的 TPS，也就是系统每秒可以处理的业务数量都十分有限。一些知名的基础链都是通过设置有限的权限节点或者同构多链等不同的方法曲线救国。前者更接近联盟链。后者举个例子来说，就是运行游戏 1 条内存不够，那我用 10 条内存总能运行得起来了吧。对于第二种方法，未来是有可能达到的，但是短期来看还不太可能实现。

因此如果从现实的角度来看，区块链发展的三个要素都不满足，因此可以判断目前区块链技术还处于起步阶段，应用起来更是困难重重。

但长期来看，配合物联网、人工智能等众多技术，满足了区块链发展的三要素，区块链技术极有可能重构现有的生产、生活方式，成为一次具有主要意义的技术创新。

三、区块链投资

最后让我们来谈谈投资，如果你理清了区块链发展的逻辑，就会知道怎么投资区块链技术了。

（一）纵向分析

从纵向也就是时间角度来说，短期不要追热点，但长期一定要做好布局的准备。区块链的发展符合一般技术的发展规律，需要经历起步—成长—成熟三个阶段。目前区块链还处在一个比较初级的阶段，市场上滥竽充数者众多，风险也比较高，并不适合普通投资者。

但未来当区块链真正进入成长阶段的时候，投资机会便会大量涌现出来。怎么去判断是否进入成长阶段、某个行业是否具备应用区块链的价值呢？要看区块链发展的三个要素是否被满足。最简单的就是观察区块链是否开始从线上走到线下。只有当区块链的边界突破线上，渗透到线下的各行各业的时候，属于普通投资者的投资机会才会出现。这个阶段受众群体已经相对广泛，应用场景也比较成熟，一套适用于区块链技术的基础设施、标准规范、法律监管制度也将初步建立。

（二）横向分析

从横向角度看，可以关注三个层面的投资标的。

第一是基础核心层，这一部分专注于区块链的底层协议和基础设施，号称区块链 1.0 的比特币、区块链 2.0 的以太坊以及区块链 3.0 的 EOS 都属于这一类，但是这些已经出现的项目都还处在一个比较初级的阶段。首先，这一层面更多的是在搭建基础，当前的智能合约足以满足它的需求。其次，因为系统生态不涉及与外部世界的交互，是一个天然闭环的状态。最后，目前出现的这些项目在牺牲一定中心化的前提下，所提供的系统处理速度足以满足目前的需求。需要注意的是，由于应用上受限于三要素，没有出现一个足够重磅的应用，这个层面项目的实用意义也就广受怀疑了。

第二是中间应用层，这一部分需要具体情况具体分析，由于环境不同，很多行业现在并不适合应用区块链。我们根据区块链具体的业务边界将其分为线上和线下两个部分。对于线上来说，举几个例子。首先是基于特定区块链底层协议的区块链应用，如之前非常有名的以太坊云养猫，就是基于区块链技术开发的一款虚拟宠物养成社区游戏。其次是区块链＋数字共享经济，如 SONM，一种去中心化超级计算机，提供包括大量的处理能力、不间断的正常运行时间、经济激励等解决方案。最后是区块链＋金融，数字货币、跨境支付清算、登记结算、票据与供应链金融等，如招商银行与永隆银行做的全球首笔区块链跨境人民币同业清算，可实现同步抵达、全体共享、实时更新，提高效率的同时也降低了成本。

对于线下来说，由于涉及对旧有体系的冲击和改造，所以还需进一步试错。目前已经有一些应用在尝试，比如区块链＋医疗产生的电子病历、药品追溯，瑞士的健康银行区块链项目就是一个典型的应用，但是后续的效果还需要继续观察。

第三是外围衍生层面，该部分的应用并不基于区块链技术，而是围绕区块链生态作为衍生产业。这里面有很多只是区块链发展中短期存在的现象，长期来看并不存在投资的价值。常见的有以下几个方向：一是区块链研究机构，比如做技术研究的万向区块链实验室，又比如我们做的如是金融科技研究中心；二是区块链媒体；三是矿机生产商，例如比特大陆、嘉楠耘智；四是区块链交易所，比如很有名的币安、火币等。

小　　结

基于上述判断，我们梳理了一下对区块链的投资逻辑。基本判断是，区块链现在处在一个相对初级的阶段，短期来看发展障碍重重，并不适合普通投资者。但长期来看，当区块链解决或者部分解决了某一个行业发展的三要素之后，就会进入一个快速成长阶段，投资机会会涌现出来，我们需要重点关注基础核心层、中间应用层和外层附生部分三个层面的投资机会。

思想的萌芽： 数字货币的起源

每个听说过区块链的人，都听说过这样一本书，也就是诺贝尔经济学奖得主哈耶克的《货币的非国家化》（1978 年）。虽然它是在哈耶克获奖两年之后推出的，但其实并没有在当时的经济学界引起什么反响。2007 年该书由国内出版社翻译发行，可惜由于销量太低，在数字货币的支持者找到了这本书作为理论归宿的时候，该书甚至已经绝版。但市场上的数字货币与哈耶克设想的货币竞争理论完全是两个概念。

一、哈耶克理论观点及缺陷

下面笔者将会结合一些实际的情况和案例，来介绍这本被奉为区块链经典的书籍，里面到底讲了什么。

在这里先讲一个例子。如果你的朋友马上就要饿死，来跟你借 1000 块钱去买一袋大米，并且约定一个月之后还给你，最终你借给他了。结果还没到还钱的时候，这 1000 块钱突然贬值了，基本和废纸没有什么区别。不要以为这种事情不会发生，根据相关的记载，抗战胜利之后，在国民党治下，单月的通货膨胀率就曾经高达 302%。重新回到这个例子上来，这个时候，你的朋友应该还给你一袋大米还是 1000 元现金？

这个问题的关键就是你当初借给朋友的到底是 1000 元现金还是 1000 元现金所代表的购买力，也就是那一袋大米。借现金还现金，这种事情大家可能习以为常。但是如果深究一下，现金作为交换的中介，尤其是在现有的信用本位制下，现金其实是没有任何价值的。你借出去的，是1000元现金所代表的购买力。但是在现有法律、经济体系下，你拿回来的却是0。

哈耶克认为，现有的经济体制过于强调货币这种中介了，甚至衍生出了专门的货币政策，也就是通过调整货币的供给来试图熨平经济周期的波动。但是这种由各国中央银行发行货币，并运用货币政策调控经济周期的行为实际上是本末倒置。其实正是这种货币制度干扰了经济的正常运转，引发了不必要的波动。政府的货币政策并没有起到熨平经济周期的作用，反而加剧了市场的不确定性。

但是实际上，哈耶克的理论还有一些缺陷。第一，市场并非万能的，市场竞争的结果有很大的可能是走向垄断。一旦出现了私人垄断，这种情况可能比国家垄断更加糟糕。第二，货币发行的市场上并非是没有壁垒的。从发行货币到建立一个完善的货币分发网络，这都限制了可能进入者的数量。第三，这只是哈耶克提出的一种理想的均衡状态，虽然他对如何实现后续的运转进行了大量的论证，但是还有很多问题没有解决，比如同一经济体中多种货币的流通会不会造成效率的损失？第四，也是最重要的，市场未必是有效的。一家私人机构超发货币，长期来看是肯定会被发现的。只要市场够大，轻微地注入流动性，可能并不会被市场所发现。在实行上，哈耶克甚至建议一次性而不是逐渐实行新制度。如果他见识到经过休克疗法后的俄罗斯，大概他就不会这么想了。

即使哈耶克本人也承认，"这种方案也留下很多有待解决的难题，而我并没有现成的答案"。但是不可否认的是，哈耶克从另一个全新的视角为我们提供了解决现有问题的可能。

现在的数字货币更多的是在"碰瓷"，给自己身上披上诺贝尔经济学奖获得者哈耶克理论的外衣，增加一点炒作的资本。

二、数字货币

首先说比特币，金本位制作为一种已经被抛弃的货币制度，当大家鼓吹比特币像黄金一样的时候就已经给它的货币属性判了死刑。2100万枚的上限其实相当于通货紧缩，通货紧缩从另一个方向导致了不公平。拿我们最开始的例子就是借钱的人只借了一袋大米，在通缩紧缩的情况下，一个月之后却要还两袋大米。而哈耶克反对的不仅是通货膨胀，还有通货紧缩。他反对一切与需求规模不相适应的货币变动。

可能有人会说，比特币可以无限细分。那么细分到什么情况可以符合当前经济规模水平的需要？目前来看，没有市场的参与，任何划分方式不是导致过多，就是过少。货币的数量并不是问题，问题是如何决定适当的货币数量这一过程。因此没有一个恰当的货币数量决定机制的数字货币，都是在披着"自由"的外衣，内里究竟是什么，就需要广大投资者扒下来看看了。

可能有人会说，区块链还有稳定币，稳定币可以实现价值的稳定。稳定币目前来看主要有三种，一种跟法币挂钩，一种跟加密货币挂钩，还有一种使用算法跟法币挂钩（见图1-2）。第一种回到了金本位的老路子上，以法币作为抵押品，法币的通胀和通缩会同步传递到稳定币上。第二种跟加密货币挂钩，加密货币剧烈的波动也会传递到稳定币上。第

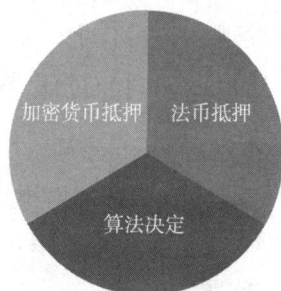

图1-2　三种稳定币

资料来源：如是金融研究院。

三种目前有一些数字货币提出未来将会与一篮子商品挂钩，但还处在白皮书的程度上，只是一个概念。

小　结

总体来看，哈耶克提出来的货币竞争理论是希望通过市场竞争，完成货币数量和经济规模的匹配，这样一是可以减少货币政策对经济的干扰，二是可以使人们免受通胀税的困扰。而区块链领域内现在的数字货币，发行数量远大于实际需求。说得严重一点，现在对数字货币的所有投资，实际上都在承受着比法币更加高的通货膨胀。

区块链十年： 去中心化的颠覆何时到来

如果从 2009 年 1 月中本聪挖出的第一块创始区块算起，2019 年区块链技术迎来它的第一个十年。从区块链诞生开始，去中心化就是这项技术最显眼的标签。那么值此区块链十年之际，究竟什么是去中心化？区块链的去中心化已经或者将要给我们的生活带来什么样的改变？本部分将从一个区块链研究者的角度来解答。

一、什么是去中心化？

过去中心化的互联网如果建立一个非常简单的模型，就是一个服务器记录了互联网的所有信息，我们所访问的都是这个服务器上的信息，我们所有的行为都被这个服务器所记录。这个服务器就是淘宝、就是微信、就是我们生活中使用的所有互联网服务，所有的信息和交易都要通过这些服务器集中地进行交互。这也就赋予了它们垄断我们在互联网上的所有信息和行为的权力。

去中心化也就不难理解了，它就像迅雷的 P2P 下载允许用户之间进行下载文件的传输一样，去中心化的区块链允许用户与用户之间直接进行交互，从而打破了这种中心化服务器的垄断，允许每个用户同样变成服务器参与到互联网生活中，参与互联网信息的分享。

二、去中心化带来了哪些改变?

拿大家都熟悉的开会来举例，中心化就是一场演讲会，演讲者在台上讲，参与者在下面听。大家所听到的内容，都是出自演讲者这一个人的口中。这样的形式有三个弊端。

首先，这内容是真是假，有没有添油加醋，全凭演讲者的自觉。最近一大批 P2P 平台爆雷、项目资质造假的众筹平台等一系列事件都说明了由演讲者利益所决定的内容其本身真实性就需要打一个问号。

其次，由于演讲者的演讲非常长，参与者很少有人能记住演讲者的内容，演讲者说没说过某句话都要由演讲者背书。尤其是各种公众事件中消失的监控视频，证据的存在与否全在利益相关的演讲者手中。

最后，如果演讲者在演讲中掺杂了某种商品的广告，实际上如果在演讲中听到广告，付出时间成本的是广大的听众，但最后的收益却被演讲者拿走。最明显的就是滴滴一类的共享经济平台，归根结底，滴滴平台的价值实际上是由大量聚集的用户和司机共同创造的，但他们并没有从平台的壮大中得到任何的好处，反而是成立于 2012 年的滴滴在仅仅 6 年之后就获得了超过 5000 亿元的估值。

而去中心化给我们生活中带来的改变更多的是把演讲变成了将所有听众放在会议室里的一次讨论，所有的参与者都可以畅所欲言，所有的讨论内容都是大家共同见证，所有的收益由听众共同分享。

(一) 将所有听众聚集在同一个会议室

即使互联网经过了这么多年的发展，由于国界导致的制度、文化差异或者其他各种各样的原因导致市场存在分割的情况。对于此类情况，区块链的解决办法就是直接越过原有的中介，这些中介本来是承担沟通市场的任务，但是区块链通过点对点的方式完成了市场与市场之间的交流。

这个问题最为突出的就是跨境支付。据世界银行统计，2016 年全球跨境支付规模已达 6010 亿美元，目前常用的四种跨境支付方式是银行电汇、专业汇款公司、国际信用卡支付以及第三方支付。银行电汇主要是通过 SWIFT（环球同业银行金融电讯协会）实现跨银行转账（见图 1–3）。专业的汇款公司则是依赖物理网点进行跨境支付，主要是西联汇款、速汇金等公司。国际信用卡支付及第三方支付主要是通过信用卡和第三方支付 App 进行跨境支付。

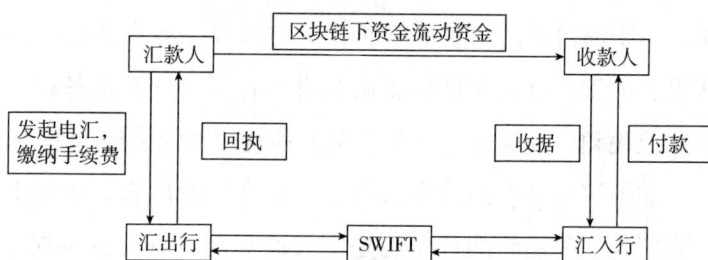

图 1–3　银行电汇流程图

资料来源：如是金融研究院。

但是目前存在的问题主要有三个。一是费用高昂。以银行电汇为例，一般需要 1‰ 的手续费（最低 50 元）外加 150 元的电报费。二是时间长。由于很多时候跨境支付需要经过数量不等的中转银行，因此一般时间非常长，以银行电汇为例，一般 2—3 个工作日才能到账。三是覆盖面不够广。目前仍有超过 17 亿人没有银行账户，而且据不完全统计，目前国内仅有 30 家 App 获得跨境支付许可，还处在起步尝试的阶段。

区块链在跨境支付的应用主要是摒弃了旧有体系中的中转银行，实现了点对点的实时转账，在节省时间的同时节约了大量的费用。根据麦肯锡的测算，区块链可以使每笔交易成本降低 42%，其中 75% 是中转银行费用，25% 是程序成本和汇兑成本。

目前主要的区块链解决方式主要有三种。

第一种是基于现有的数字货币搭建一套跨境支付的网络。Circle 就是以比特币为中介实现跨境支付。但是由于比特币本身的缺陷、价值的波动问题以及监管的问题，虽然 Circle 通过收购交易所、进行美元存储以及引入担保等机制进行调整，但 Circle 仍然面临着一部分效率瓶颈以及汇兑风险。

第二种是应用区块链技术实现企业端的改造。其中最有名的就是 Ripple，目前西班牙桑坦德银行已经基于 Ripple 的技术推出一项 Santander One Pay FX 服务，使跨国服务可以缩短至当天或第二天完成。从国内来看招商银行、永隆银行在 2017 年年底已经实现了三方间使用区块链技术的跨境人民币汇款。2017 年 12 月 18 日，招商银行作为代理清算行，完成了从香港永隆银行向永隆银行深圳分行的人民币头寸调拨业务。此后，三方又完成了以招商海通贸易有限公司为汇款人、前海蛇口自贸区内海通（深圳）贸易有限公司为收款人的跨境人民币汇款业务。

第三种是应用区块链技术实现用户端的改造。比如 2018 年 6 月蚂蚁金服在港版支付宝上推出的区块链跨境汇款就是面向 C 端用户提供 7 × 24 小时的不间断服务。由港版支付宝和菲律宾钱包 Gcash 合作，在区块链的基础上由渣打银行负责资金清算和外汇兑换，一笔交易仅需要 3 秒钟即可完成。

（二）让所有听众共同见证所有的讨论

中心化的互联网服务器作为信息的唯一拥有者，存在的弊端主要表现在以下三个方面。

首先是自身系统的漏洞。2016 年某银行爆出的 39 亿元票据大案就是犯罪嫌疑人通过二次贴现的方式将已入库保管的银行承兑汇票票据进行贴现。无独有偶，其他银行也先后爆出高达几亿元到几十亿元的票据案件。甚至 2016 年电子票据也爆出过巨额风险，焦作某城商行离职员工冒充该行工作人员通过伪造资料及印鉴在某国有大行廊坊分行开立虚假电银并在某银行青岛分行卖出。利用区块链技术搭建的数字票据系统的透明性、可追溯性和不可篡改性为解决问题提供了一种有效方式。2018年年初的上海票交所的数字票据交易平台成功上线并试运行，工商银行、中国银行、浦发银行和杭州银行已经完成了数字票据的签发。

其次是中心化服务器因为自身利益操纵信息。旅游平台的机票超卖就是一个典型的例子，2011年国航齐齐哈尔飞往北京的飞机就因为超卖而导致23名乘客无法登机，普通消费者对于纠纷的出现只能寄希望于平台对于自身名誉的看重。国内已经有公司利用区块链的不可二次交易性进行酒店管理，在防止超卖的同时，提高酒店管理房间的利用率和效率。目前这一酒店管理系统已接入携程、Expedia、Agoda、Booking等在线旅游平台的订单系统。

最后是中心化服务器因为意外或故意，信息被删除。2016年2月广西某县一起烟花爆竹生产企业事故造成一人死亡，但监控视频却被人为删除。2017年11月北京某幼儿园虐童事件监控视频硬盘由于多次强制断电而发生损坏。2018年8月甘肃某幼儿园出现儿童被针扎事件，关键的十分钟视频却莫名其妙消失，园方给出的停电解释却与物业和供电所出具的证明相悖。对于这些掌控在利益相关方手中的信息，其实不论是国外的星际文件系统还是国内专注于共享计算的迅雷链都可以轻松解决。

（三）使所有听众分享聚集产生的收益

平台产生外部溢价的情况主要出现在平台经济中。这一类平台主要起到的是信息撮合的作用，并不以自身资产对用户提供服务，平台的价值更多的是由资产提供者和用户或者买卖双方的聚合而产生的。这就导致了在过去中心化的互联网中，价值的创造者并不是利益的分享者。

用户聚合的规模溢价被平台所获得。这种规模溢价主要分为两种，以滴滴为例。首先是规模溢价，乘客选择滴滴作为打车平台的原因更多的是由于该平台有大量的司机，而且比其他平台更容易打到车。平台本身并没有价值，在发展过程中聚集起来的大规模的司机和乘客才有价值。其次是信息溢价，乘客在打车过程中与司机共同创造了大量的交易和交通数据，这些数据所带来的价值也被平台所垄断。

第一种平台是共享经济平台。这一类平台将聚合了资产提供方和用户。估值5000亿元的滴滴和Uber、2400亿元的爱彼迎早期的补贴都可以看作规模溢价的透支型分享，但是随着平台逐步成长进入垄断后，滴滴等平台都出现了补贴减少的情况，用户和乘客实际上已经在逐步退出规模溢价的分享。目前很多区块链项目已经明确提出通过代币将规模溢价返还给用户，比如之前与ofo进行合作的GSE network通过交易即挖矿的形式发放GSE，将部分溢价返还给创造者也就是用户。这种方式提升了参与者的参与率，增加了GSE network的价值，又反过来加强了对参与者的吸引，形成一种正向反馈。

第二种平台是交易经济平台。这一类平台聚合了买卖双方。现存的数字货币交易所毫无疑问是在去中心化的区块链技术中最大的中心化组织。以数字货币交易所为例，目前全世界有超过1.1万家数字货币交易所，而全球数字货币市值仅有2100亿美元，在激烈的竞争中，数字货币交易所被迫开启了一条将溢价返还给用户的竞争模式。

先说数字货币交易所的盈利模式，且不说此种机构合法与否，单从这种组织形式来说，国内出身的交易所三巨头——币安、火币、OKEx，它们的主要盈利方式就是通过交易费和上币费实现盈利。以币安为例，币安的交易手续费高达1‰，即使用平台币BNB进行交易，也依然高达0.05%。提现和转让的费用更是高达1%。而Autonomous Research的报告显示，一般上币的费用高达100万—300万美元。基于如此高昂的费率，币安官方曾透露，2018年第一季度平台利润高达2亿美元。直到搅局者Fcoin出现，Fcoin首创的"交易即挖矿"模式将平台交易的手续费返还给用户，并将平台每日的交易费收益对持币者进行分红，在短期内的交易量飞涨，在整个交易所市场上异军突起。2018年6月火币、

OKEx、币安等交易所也陆续跟进，开启了平台分红模式。与平台透支型补贴不同的是，这种平台交易分红的模式第一次将用户聚合产生的溢价返还给了用户，同样也可以看到，由于返还模式对用户的吸引力，一定也会出现大量名为返还，实为通过资金盘运作进行诈骗的平台。

小　结

实际上我们可以看出，区块链技术的意义在于改变了信息传递交换的方式对于用户而言，它使用户，也就是数据的产生者，第一次真正意义地拥有了自己创造的这部分数据的所有权。

区块＋链： 区块链这个名字从何而来

其实在中本聪发表的比特币论文中，区块和链是两个独立的概念，在后来的发展过程中才慢慢地变成一个合并的单词。区块是记录的交易信息，链是将各个区块相互连接，成为一种像锁链一样的链式的结构。那么区块链为什么是这种结构？在这种链式结构下，区块链表现出了网上流传甚广的去中心化、安全性、不可篡改性，甚至是匿名性和透明性。那么区块链为什么会表现出这种性质？

想要解答这两个问题，先要从区块链的技术基础讲起，它其实并不是一项新的技术，而是多种技术的组合，囊括了点对点信息传输、非对称加密以及共识机制等多项技术。

一、区块链基础技术

（一）点对点信息传输

前文所述的例子中，犯人入狱的消息在亲戚中口耳相传的过程就是点对点信息传输，迅雷的下载原理就是去中心化的点对点方式，过去 A 传给服务器 X，B 再从服务器 X 获取信息，而点对点是 A 直接传输给 B。P2P 信贷也是这个逻辑，A 直接把资金借给 B，而不是 A 先把钱存到银行，再由银行借给 B（见图 1－4）。通过这项技术完成了信息在节点之间的传输。

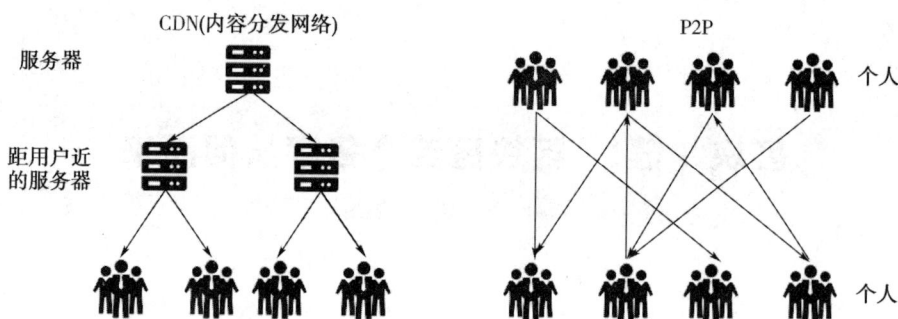

图1-4　内容分发网络与P2P对比图

（二）非对称加密

以前你去银行取钱，你得提供你的银行卡密码，银行将它们保存的密码和你提供的相比对，密码一致才能从银行卡中取出钱来。我们把银行卡密码看作是一把钥匙，银行那边保留着一把同样的钥匙，这种加密的方式就叫作对称加密。但是这种加密方式需要有一个中心化的机构来保存这把钥匙。而在区块链的网络中，信息是在每个节点之间传递，我们不能简单地将"密码"在这些节点之间传递，需要对这些信息加密。所以我们需要非对称加密来解决这个问题。

非对称加密给我们准备了两把钥匙。第一把是我们自己的私人钥匙，这把私人钥匙有一把对应的公共钥匙，私人钥匙加密的文件只有公共钥匙能解开，而公钥加密的文件只能由私钥解开。这个安全性是非常高的，有很多算法甚至连量子计算机都没有办法破解。我们只要把公共钥匙公开发布出去，一旦别人给我们发送消息，或者我们给别人发消息的时候，只需用相应的公共钥匙将其加密。这样即使有心怀不轨者截获了这份文件，并拥有公共钥匙也不能将其解锁，无法获知其中细节。一边是私人钥匙，一边是公共钥匙，两把钥匙相互对应又互不相同，这就是非对称加密。

（三）共识机制

在完成了信息在节点间的安全传递后，我们需要考虑的就是如何记录信息呢？这就涉及两个问题，一是怎么记录？在没有了中心化服务器之后，肯定不能所有人都去记录，这样技术上即使实现了，效率也非常低。以比特币为例，中本聪的设计就是通过"考试"来挑选一个节点，让它将过去一定时间内发生的交易都记录下来，传递给其他的节点，其他的节点依据这个来更新自己的数据记录。这个权利并不是永久的，因此当下一次需要记录的时候，又会举行一次同样的考试。而由于在这个考试中，每个节点都在算一个只能通过"猜"得出答案的数学问题，算得越快、算得越多的人，就越有可能首先找到正确的答案。这也就是我们说的工作量证明。

二是怎样激励节点去参加考试？比特币的设计是对于每次通过考试的节点，都会奖励 50 个比特币，而且这个奖励每 4 年会减半。并且每个发生交易的节点都要交一笔手续费。这 50 个比特币和交易的手续费就成为记录节点的收入。所以我们平时说的挖矿其实就是争夺信息记录权，这些收入就是矿工的收入。而等到 2100 万个区块链挖完之后，矿工的收入就会变成手续费收入。

就这样，区块链通过这三项最基础的技术完成了信息的传递和记录。回到我们最开始的问题上来，大家其实也就明白了，因为每一段时间的交易记录，都可以看作一个区块。这样的一个一个区块通过记录的时间首尾相连，表现出来的就是区块链这种形态。不仅如此，在当前的区块链里，记载了前一个区块的哈希值，我们可以将其理解为上区块的唯一特征，一旦上一个区块改变，它的哈希值就会与之前不同。这就保证了一旦有人篡改某一个区块，就必须将后面的所有区块都篡改。

仅仅知道区块 + 链是怎么来的还不够，还需要理解一个交易从发生到上链是怎么一个过程，才能够理解区块链的去中心化、安全性、不可篡改性，甚至是匿名性和透明性。

假设现在有人产生了一笔比特币的交易，首先是产生这笔交易的人告诉所有人，我们产生了一笔交易，这个时候其他人就会检验一下这是不是一笔合格的交易，是的话就记录在区块上，这个时候大家就开始参加"考试"，通过考试的那个人可以把区块发给其他人，其他人验证这里面的交易没有问题，就接受其中的交易信息，全体节点就进入到了下一个区块的记录竞争中。这里需要提到的是，区块链默认所有区块链中最长的那个才是正确的。

二、区块链的特性

去中心化就是信息可以在节点之间安全地进行传输了，并不需要一个中心化的机构来替我们进行传递。去中心化的好处非常多，我们已经在上一节具体讲过，在这里就不重复了。

安全性一方面是指信息传输的安全，由于非对称加密技术，基本上区块链的安全性已经非常高了，无论是数据被其他人得知还是比特币丢失的可能性都非常低。另一方面是指信息保存的安全，所有发生的交易，每个人都记录一遍，即使你的电脑出了问题，你的信息还是记录在其他人那里。实际上区块链运行十年，所有丢失的数字货币要么是交易所自己的系统出了问题，要么是智能合约出了问题。

匿名性和透明性其实并不冲突。一方面，匿名性是指你和你的区块链地址之间的联系，只记录在你这个节点上，没人知道这个区块链地址背后就是你。在中心化时代是什么情况呢？即使你使用了网名，但很多时候由于实名制或者其他原因，你的真实身份和网名都被记录在中心化网站上，一旦被黑客攻击，用户的信息就会大量地泄露，之前无论是国内的开房信息的泄露还是国外脸书用户信息的泄露，都属于这种情况。在中心化的体系内，黑客只需要攻击网站就可以获得数以万计的信息。

但是在去中心化的体系内，没有任何一个黑客会去攻击成千上万的节点来获取信息，这样的成本太高了。另一方面，透明性是指所有的信息都会记录在区块链上，并且可以追溯，举个例子来说，一个比特币从被挖出来到经过了哪些交易，最后存在哪一个节点上，都被记录在区块链上，而且都可以被查询到，这就是区块链的透明性。

最后一个是不可篡改性。其实这个也不是完全不可篡改，区块链的不可篡改性是随着区块的长度变长一起变高。因为区块链默认长度最长的那条链是正确的，我们之前说过，篡改者如果想要篡改某个交易，它不仅需要篡改交易所在的区块，还需要篡改后续的所有区块，并且还要比现在正确的区块链更长。这也是所谓的"51%算力攻击"的原理，只要他有足够的算力，他通过"考试"的速度会快过其他人，就有可能构造出一条比正确的链更长的链，达到篡改的目的。以比特币为例，篡改区块交易在早期还有可能，但是现在算力竞争如此激烈，篡改区块链已经变成了一件成本非常高的事情。

三、区块链的缺点

一是区块链的效率问题。以比特币为例，理论上比特币每秒可以处理 6.67 笔交易，相比之下，2017 年支付宝"双十一"时每秒处理超过 25 万笔交易，显然比特币的交易处理速度是无法满足需求的。这也是很多人攻击区块链的原因。本来中心化机构只需要记录一次就可以了，大家有什么问题直接咨询中心化机构。但是区块链是每个节点都需要记录所有的数据，在现有的技术条件下，效率是非常低的。但实际上，无论是我们之前提到过的有限的权限节点、同构多链还是期待长期技术的发展，都可以作为对这些质疑的回答。前者已经在很多知名的基础链上有所应用，虽然代价是一定程度的中心化，但效果目前来看还不错。而从后者来说，也许不需要等待太久。毕竟 1.44M 的 3.5 寸软盘的消失后不到 20 年，我们已经用上了几太字节的移动硬盘。

二是在区块链行业，分歧更容易发生。这也是区块链的去中心化所带来的问题。在过去十年中出现的公有链，在生态中一定会存在众多的社区开发者、矿工、交易所和用户等多个利益群体。每个人都有权利用自己的选择进行投票。举个例子，支付宝的用户可能无法决定支付宝的系统升级，但是比特币的相关方却可以对比特币的升级拥有决定权。最典型的例子就是 2017 年 8 月比特币分叉出的比特现金，针对比特币交易速率低的问题，比特币选择了隔离见证方案，另一部分人则支持扩大区块容量，最后原有比特币群体分裂为比特币和比特现金两个群体。这其实是每个人的意见都得以表达带来的后果，但就像大家在团队协作中发现的那样，分歧越多，工作越难完成。这实际上也是去中心化后效率降低的一个表现。

三是没有一个通用的协议，形成了很多的"孤岛"。和现在所有人都能访问的互联网不一样，大家可以访问每个不同的中心化网页，这是因为大家都采用的一样的协议。换在区块链上来说，我们可以访问同个基础链上的不同的应用，两个不同的基础链之间是没有任何互通的。这就造成了很多"孤岛"，将区块链的世界切割得支离破碎，并不利于区块链的发展。当然，现在也出现了很多 IPFS 做的网关、以太坊在做的域名，都是在用互联网的方式去解决现在区块链"孤岛"的问题。另外还有很多跨链的项目将这些不同的基础链连接起来，也是一种解决办法。但是目前来说，成效还有待观察。

四是几乎所有知名项目都出现了中心化倾向。首先说比特币，由于比特币价格飞涨，挖矿竞争难度迅速提高，出现了专门挖矿的"矿池"，目前比特大陆旗下加持有股份的矿池总算力已经接近 53%，实际上已经成为现在比特币生态中的一个不可忽视的问题（见图 1-5）。

更不用说其他的一些项目，采用了中心化体制的代表制度——公司化运营。用中心化的公司去运营去中心化的区块链，即使很多知名项目也出现了即使不是必需的情况下，依然选择更改原始规则的情况。那如果任何变动一旦对自己不利，马上朝令夕改，更改区块链项目的底层机制，这又和现在的中心化系统有什么区别呢？

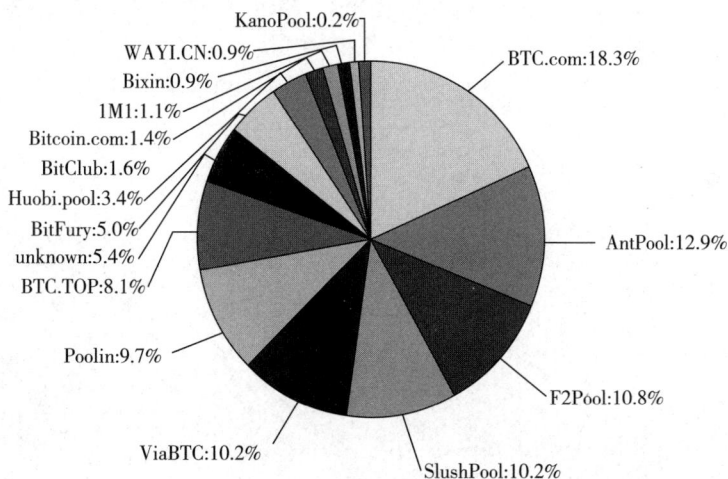

KanoPool:0.2%
WAYI.CN:0.9%
Bixin:0.9%
1M1:1.1%
Bitcoin.com:1.4%
BitClub:1.6%
Huobi.pool:3.4%
BitFury:5.0%
unknown:5.4%
BTC.TOP:8.1%
Poolin:9.7%
ViaBTC:10.2%
SlushPool:10.2%
F2Pool:10.8%
AntPool:12.9%
BTC.com:18.3%

图1-5 比特币算力分布图

资料来源：btc.com、如是金融研究院。

小　　结

本部分讲述了区块链这个名字的由来，介绍了构成区块链的三项基础技术以及区块链去中心化、安全性、不可篡改性甚至是匿名性和透明性的由来，以及区块链现在面临的一些问题，其实并不是所有产业现在都适合应用区块链，很大一部分是在蹭热点，关于这些区块链的产业应用，我们都将会在后文中讲到。

監管政策篇

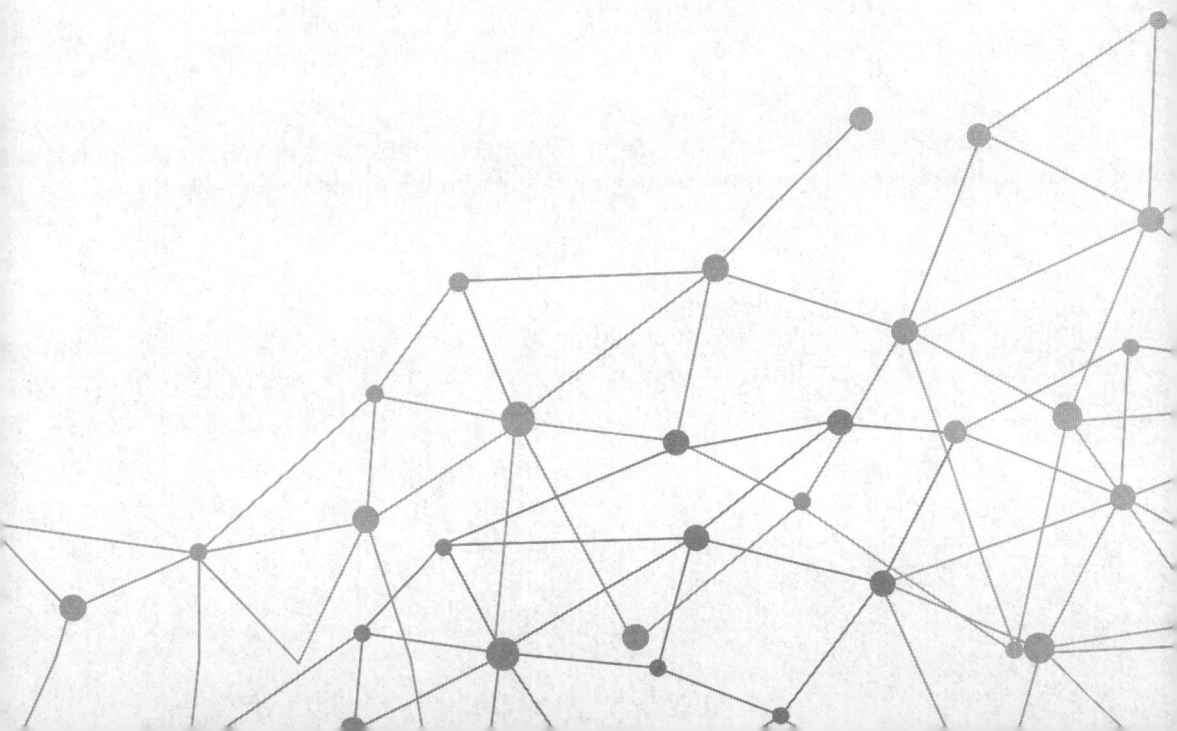

全球监管政策： 比特币 ETF 何时会来

2017 年年初美国 SEC（美国证券交易委员会），也就是美国的证监会，经过三年审查拒绝了文克莱沃斯兄弟提交的比特币 ETF（交易型开放式指数基金）上市申请。文克莱沃斯兄弟也许只说名字，大家都不熟悉，但是如果你对《社交网络》这部电影还有印象，就知道他们起诉马克·扎克伯格的脸书盗用了他们的想法和代码，最终获得了 6500 万美元的赔偿。他们用这笔钱创办了双子星交易所，在 2014 年大家都还在炒作比特币和 ICO 的时候，他们发起了比特币 ETF 的上市申请。

以此为开端，SEC 手起刀落连续拒绝了多只比特币 ETF 的上市申请。虽然比特币 ETF 这种产品除了底层资产外，与大家平常买的黄金 ETF 在产品结构上没有太大的区别。但是根据 SEC 长达 92 页的文件，基本可以看出，监管层对于比特币 ETF 的担心主要集中在比特币可能会受到欺诈和市场操纵的影响，难以通过监管保护投资者和公共利益。

事实上，以比特币为代表的数字货币可能会受到欺诈和市场操纵的影响，这不只是 SEC 独有的观点，而是全球众多国家对于数字货币的一致观点。因此也就导致了现在这种局面。一方面，大家都很重视区块链技术的发展。另一方面，对于数字货币有两种不同的政策取向：一种是将数字货币乃至 ICO 纳入监管，规范行业；另一种则是虽然承认数字货币的财产属性，但是完全禁止交易所及项目方向民众出售数字货币。

一、世界各国对数据货币的相关政策

对数字货币的政策友善度从高到低排列的国家，依次是日本、澳大利亚、美国、欧盟、韩国、俄罗斯、新西兰等。

日本正在积极地将数字货币纳入现有的监管体系中来，对 ICO 正在探讨中，反而基本没有相关的产业政策。虽然没有承认比特币的货币属性，但是 2017 年 4 月开始正式实施的资金结算法修正案，承认比特币为合法的支付手段。同年 7 月更是取消了购买比特币时需要支付的消费税。9 月日本金融厅就已经发布了首批获得牌照的交易所名单。这批名单最初只有 11 家，到了 2018 年这个名单已经扩大为 16 家。但这种承认并不是毫无底线的，日本金融厅更多的是从监管的角度来对数字货币进行合规监管。

2018 年 5 月日本金融厅提出的新方向重点放在了两个部分。第一个部分也就是 KYC，即我们所说的客户了解流程，交易所必须知道交易者的身份等相关信息，甚至因此将不满足这一条件的隐私型加密货币加入到黑名单中。另一个部分就是加强对交易所内部的监管，防止投资者利益因内部操作受损。

澳大利亚则同步注重对数字货币的监管和对区块链技术的应用。在 2017 年取消对数字货币的重复征税，并认为比特币与实物货币享有同等地位。澳大利亚的税务局甚至针对数字货币交易专门成立了一个特别小组。澳大利亚对 ICO 颁布了专门的监管文件，规定根据 ICO 性质的不同适用不同的法律条款。根据 2017 年 12 月最新通过的反洗钱和反恐怖主义融资法案规定，交易所需要经过登记注册，严重违反者将会面临 7 年的监禁和相关的罚款。

美国在部分否定了数字货币的货币属性之后，承认其为一种证券财产。但主要专注于数字货币领域，对区块链技术在其他领域的应用提及较少。发起的 ICO 项目需要经过登记注册，否则就是非法的。从各州来看，纽约州对数字货币交易所执行牌照制度。值得注意的是，美国的北卡罗来纳州、华盛顿州等都将虚拟货币纳入货币转移法案中实行或是许可证制度，或是额外披露需求等监管系统中。加利福尼亚、亚利桑那、田纳西等州则将区块链签名和智能合约纳入法律体系。内华达等州则从税收和政策方面进行了一定的扶持。

欧盟对于数字货币以管制为主，并未推出太多的相关政策。但是在研究和观察方面做了很多工作。目前英国还没有将数字货币和 ICO 等写入法律。但是根据 2015 年英国金融行为监管局，也就是 FCA 的沙盒管理模式，区块链项目可以在申请后，在一定范围内进行测试。2017 年 6 月增加的 24 家初创公司中，有 9 家是与区块链相关的。沙盒之外的一切相关活动都需要遵守 FCA 也就是金融行为管理局的条例，进行自我监管。但是 ICO 等活动需要经过 FCA 的授权才可以。与其他主流国家不同的是，2018 年 2 月英国皇家铸币局已经和芝加哥商品交易所合作推出了与黄金 1:1 挂钩的数字货币 RMG 币。

德国在推进比特币的监管之外也在探索应用，但并不是很积极。德国于 2013 年就已经承认比特币为合法货币，并规定当比特币承担财产角色时，财政部有权向持有者征收盈利税和增值税。但是当比特币承担支付手段时，不会对其征税。同时规定 ICO 和数字货币的相关监管由政府的证券监管部门以及欧盟的现行法律负责约束。

法国则专门成立工作组对数字货币进行监管。2013 年法国央行就已经对比特币价格的波动提出了警告，财政部则将比特币界定为财产，需要缴纳资本所得税。2018 年 1 月 15 日，法国经济部部长宣布建立一支专门监管数字货币的工作组。

韩国政策摇摆不定，目前的政策是监管数字货币，禁止 ICO。2017 年 9 月韩国政府与中国政府一道禁止非许可融资行为也即 ICO。韩国财政部部长曾明确表态不会禁止数字货币和交易平台。但是在严厉打击匿名账户以防洗钱等犯罪行为的同时，对交易所征收 24.2% 的高额所得税。

俄罗斯也和韩国类似，曾经禁止过比特币，但是于 2016 年撤回了禁令。俄罗斯总统普京在多次对话中提及区块链技术的重要性，并且曾经与以太坊创始人会面。

新西兰政府认为所有的数字货币都属于证券，应该受该国法律监管。新西兰金融市场管理局曾公开喊话，希望对于 ICO 和加密货币行业进行更加严格的监管，并且提醒人们应当警惕 ICO 的风险。

当然，因数字货币或者 ICO 泛滥造成严重后果的国家也有很多，由于自身监管的相对落后，与发达国家将其纳入监管的选择不同，这些国家无一例外都严格禁止数字货币及 ICO，包括中国、印度、越南、孟加拉国等国。

中国对数字货币的态度一贯是以严厉禁止为主，相关政策我们在前文中已经有所总结。印度并不承认数字货币的货币属性，严禁与其相关的非法活动。2017 年印度央行曾经两次发布警告，提醒不要购买数字货币，注意交易风险。越南于 2017 年 10 月就曾经宣布禁止比特币作为支付手段，违法人员会被处以巨额罚款。孟加拉国负责数字货币监管的孟加拉国金融情报部、外汇警察部和孟加拉国通信监管委员会已经就如何打击加密货币活动举行了四次会议。

二、世界各国的区块链政策

从区块链政策来看，由政府主导的全球区块链技术应用主要还是集中在政府事务、金融、贸易、供应链等不同的方向，基本和中国的政策选择一致。

澳大利亚早在 2015 年就已经成立专门机构研究政府部门的数字化转型，目前正在探索区块链技术在政府服务以及城市管理方面的应用。澳大利亚的民政事务部正在试图探索区块链技术在国际贸易和供应链方面的管理。而澳大利亚的交易所宣布将开发一个基于区块链的系统来取代现有的清算和结算系统，这是第一家投向区块链技术的主要股票交易所。

美联储早在 2016 年 12 月就已经发布区块链报告，强调区块链技术在银行交易结算中的价值。2017 年由国会议员宣布推出的国会区块链决策委员会，非常重视区块链技术在安全、福利和医疗方面的潜力，同时在美国参议院通过的国防法案中还包含了一项由国防部牵头的区块链研究任务。2018 年 2 月，美国连续举办了两场关于区块链的国会听证会，沃尔玛、IBM 等跨国公司巨头分别解释了区块链在相关领域的应用，并针对监管政策对数字货币提了很多建议。2018 年 3 月，美国联邦贸易委员会成立了一个区块链工作组专门研究区块链的相关技术。

据 Outlier Ventures 统计，尽管世界上 1/4 的区块链公司来自美国，但这些公司都仅仅专注于比特币等加密货币领域，只有极少一部分公司涉猎区块链在非货币领域的应用。

2018 年 2 月，在欧盟推出区块链观察论坛后不久，欧盟委员会表示将建立一个金融科技实验室以培育区块链等新兴技术。同年 4 月欧盟内有 22 个国家签署了一份欧洲区块链联盟协议，目的是交换分享区块链的相关信息，促进区块链技术在欧洲范围内的应用。

2016 年英国政府办公室发布的区块链报告提到区块链在公共服务、支付等领域的重要应用。2017 年 3 月，英国央行加入了由 Linux 基金会主导的区块链项目——超级账本，成为首批参与的央行机构。但目前来看，英国官方层面对于区块链的应用主要集中在支付系统和退休金项目上。

法国则表示允许区块链技术交易特定的传统证券，但是一些规模大的资产类别如上市公司的股份仍然被排除在外。

印度央行在 2017 年 1 月发布的一篇报告中指出，区块链是一种颠覆性的创新。印度总理莫迪则认为区块链将对我们的生活和工作方式产生重要影响。印度政府、央行和内政部等不同机构甚至组成了一个跨学科委员会。该委员会的职能主要有三个，一是关注消费者保护、洗钱等问题。二是打造区块链资产交易的标准。三是创造出能够激励区块链公司的环境。2017 年年初，印度储备银行的研究部门甚至开始使用区块链技术进行"卢比的数字化"。

韩国在强调将区块链和数字货币视为两个不同概念的同时，非常重视区块链在银行支付结算和法定数字货币方面的应用，尤其需要注意的是，2017 年韩国外汇交易法案的修订已经允许使用比特币作为跨境支付的手段。2018 年 5 月，韩国海关总署正在筹备启动一个基于区块链的清算系统。

综上所述，全球的监管政策上主要就两类，一类监管比较健全，就将区块链纳入现有的监管体系中来。另一类监管有所不足，就直接一刀切全部禁止。但是全球的监管并不统一，以 SEC 为代表的各国监管机构，对于以比特币为代表的数字货币市场可能被操纵的担忧并不是没有道理。短时间之内，整体监管水平还有待改善，尤其是大量交易所设立在完全没有监管能力的小国，这些都会成为比特币 ETF 推出的重大障碍。换句话说，既想监管少，又想发比特币 ETF，这在短时间内是不可能实现的。

小　　结

本部分主要梳理了世界上一些主要国家的区块链政策，总体来说，大部分国家都是支持并探索区块链技术在产业中的应用，对于数字货币而言部分国家选择严格禁止流通；而另一部分的国家则选择将数字货币纳入现有的监管体系中来。还有一些我们在这里并没有提到的国家，都推行了非常有特色的区块链政策，试图通过区块链实现进一步的发展或者是弯道超车，我们将会在后文中进行专门梳理。

弯道超车的理想国： 从石油币到区块链城市，
还有哪些创新你没见过

我们在前文中总结过世界各国对区块链技术的态度。很多国家对数字货币的态度都是严格监管，这就给一些国家创造了套利的机会。一些国家利用宽松的监管政策吸引外部资金流入，力图实现弯道超车。

币安的全球"流浪"之旅就是一个明证。最初注册在中国香港地区的币安在2017年"9·4"政策之后搬离香港，前往对数字货币政策最为宽松的日本。结果在2018年3月因为没有在日本注册，受到了日本金融厅的警告。如果币安不结束其在日本的业务，日本金融厅将会提起刑事诉讼。随后币安转战马耳他，直到今天。

不只是马耳他，还有新加坡、瑞士、阿联酋、委内瑞拉、爱沙尼亚及非洲众多国家选择了区块链技术。

为什么其中很多国家如此积极地支持区块链甚至亲自下场发行数字货币呢？其实很简单，在一些国家眼里，区块链技术是规避制裁最完美的工具。在一些国家眼里，区块链技术是在未来十年实现弯道超车的重大机遇。在一些国家眼里，区块链技术是实现多元化发展、维持优势地位的方向。

一、规避制裁

第一类试图规避制裁的国家里，最典型的例子就是委内瑞拉。2018

年1月，委内瑞拉发布石油币白皮书，决定发行以石油为支撑的数字货币。委内瑞拉是人类历史上第一个发行基于区块链技术的数字货币的国家。这个意义重大吗？看起来好像是的。但是我们还要考虑到石油币发行的背景。在石油币发行之前，由于美国的制裁，委内瑞拉外汇储备不足100亿美元，对外债务却高达千亿美元。为了摆脱美国的制裁，委内瑞拉政府想利用石油币吸引外部资金，缓解国内的经济危机。在最开始的白皮书中，每个石油币由一桶原油作为抵押，可以用来购买委内瑞拉境内大宗商品、支付税收等。委内瑞拉总统马杜罗表示将以该国国内一块油田作为支撑，委内瑞拉声称该油田储量超过50亿桶。虽然马杜罗总统宣布石油币已经带来了超过33亿美元的资金，但是路透社在对此进行了四个月的调查之后，并没有找到任何石油币的投资者，甚至是石油。委内瑞拉石油部前部长拉米雷斯表示，石油币被设定成一个任意的价值，并且只存在于政府的想象中。而在2018年10月发布的第二版白皮书中，石油币变为由石油、黄金、铁和钻石共同支撑的币种。并于11月初进行正式发售。委内瑞拉政府在法律上鼓励使用石油币，不仅用来买卖石油、缴税，甚至还可以购买房产。对于使用石油币的公司给予税收优惠，并鼓励公司通过石油币进行劳务和福利的发放。

那么石油币能够拯救委内瑞拉吗？从经济上看，委内瑞拉连续两年GDP增速为负，面对经济困境和人口外流，马杜罗选择通过印钱和提高工资来应对这些问题。根据国际货币基金组织的预测，2018年委内瑞拉的通胀达到百分之一百万，也就是一万倍。而石油币本身也有各种各样的问题，完全不透明的资产支撑计划、目的非常鲜明的国家主权数字货币，都为委内瑞拉石油币的发行蒙上了一层阴影。

无独有偶，另一个被制裁的国家伊朗，在美国的政治和经济压力下，也表示将创建国家数字货币，而在此之前伊朗对数字货币的态度是完全不欢迎。2018年4月伊朗的央行和司法部门禁止了银行进行数字货币的交易和ICO项目。而在8月美国对伊朗的金融制裁即将生效之前，伊朗已经确认将通过发行国家数字货币，规避美国的制裁。具体的细节还不得而知。

二、弯道超车

第二类试图弯道超车的国家里，爱沙尼亚是真正应用区块链的典范。爱沙尼亚通过 26 年的时间，完成了一个真正的数字化战略。虽然大家都在谈区块链的去中心化，也有很多人在进行这方面的项目。但是在爱沙尼亚甚至都不存在一个政府管理的中心化数据库。爱沙尼亚通过其建立的 X – road 网络，实现了各类数据从各个部门进行采集，然后再以去中心化的方式进行保存。

为什么我们说爱沙尼亚的数字化战略是真正的数字化战略？因为现在很多国家所谓的数字化，仅仅是简单的线下业务电子化，仅仅是从纸质记载变成了电子化的记载。开具出生证明、申请驾照等还是需要去政府部门排队办理。这样导致的后果不仅仅是不方便，以前甚至出现过热门事件刚刚发生，涉事当事人在公安局的档案照片便流传出来的事件。公民数据的隐私性，仅仅靠中心机构的自律，是得不到根本保障的。爱沙尼亚采用的数字身份账户，允许爱沙尼亚公民在线使用几乎全部的公共服务。从注册公司到入职签字，从驾照申请到居住证申请，只要你有数字签名和一台上网的设备，即使你在国外也可以顺利完成。

在爱沙尼亚个人和企业可以随时获得政府服务，同时还可以限制其他机构对个人数据的访问。我们所探索的利用区块链 + 医疗来保护患者的病例隐私的想法早在 2008 年就已经在爱沙尼亚初步实行了。区块链出现之后，爱沙尼亚专门建立了基于区块链的病人病例信息系统。

不只是针对本国公民，2014 年爱沙尼亚宣布向世界开放"电子公民"身份证服务项目，加入到这个项目来，就可以用数字公民的身份享受爱沙尼亚的部分公民权利。

除了低调的爱沙尼亚，还有一个不得不提的国家，就是马耳他。马耳他不仅仅是币安的选择，也是国内外众多交易所最终的落脚点。这个国家因为高度重视区块链技术，出台了多项政策而被称为"区块链之岛"。早在 2013 年，马耳他的金融公司就已经发行了全球第一只比特币对冲基金。2017 年 4 月，首个关于促进比特币和区块链技术的国家战略草案，已被马耳他内阁批准。2017 年 10 月，对数字货币和 ICO 的投资已经合法化。2018 年 3 月，马耳他通过了三个法案，分别是：《虚拟金融资产法案》《马耳他数字创新管理局法案》和《技术安排和服务法案》。第一个法案侧重于对 ICO 及项目方的监管。第二个法案则设立了一个独立的机构，重点关注创新技术及其使用。第三个法案则主要针对项目方的注册事宜。

完善且友好的法规只是马耳他吸引众多交易所的原因，低税收也是一个非常重要的原因，通过股东分红抵扣的方式，最低缴纳 5% 的企业所得税，新项目投资还可以享受税收返还，企业享受投资抵扣，公司甚至可以申请高达 120% 的补贴。

不只是马耳他，还有瓦努阿图这个太平洋岛国，突尼斯、南非、肯尼亚、埃塞俄比亚、尼日利亚、乌干达等众多非洲国家也都在试图通过区块链技术实现弯道超车，发展自身的经济。

2018 年 3 月，瓦努阿图成立了国家数字货币研究所，并开始国家数字证券交易所的筹建，近期更是与迪拜公司达成合作，共同发行火山币，以促进经济的发展，推动数字国家计划的进程。突尼斯正在积极探索区块链技术的应用，希望以突尼斯邮政为媒介使广大没有银行账户的人用上该国的电子法定货币。南非打造了一个钻石的区块链平台，并设立了开普敦区块链研究院为当地企业提供技术服务。肯尼亚成立了一个区块链特别工作组以推动国民经济发展。埃塞俄比亚则是正在探索使用区块链技术来跟踪其最大的出口产品咖啡的供应链。尼日利亚的 CDIN 计划，旨在向尼日利亚人教育和传输区块链与加密货币潜在收益相关的事务。

乌干达则推出了一项《乌干达区块链金融发展规划》。

三、多元化发展

第三类实现多元化发展的国家里，主要是阿联酋、新加坡和瑞士。

阿联酋的迪拜非常重视区块链技术，目前迪拜是中东地区的区块链产业中心。在其他国家政府还在探索区块链应用的时候，迪拜已经在整个城市体系中全面融入了区块链技术，计划将在 2020 年成为全球首个区块链管理城市，也就是所谓的区块链城市。迪拜官方曾经宣布，未来全部的政府文件处理将都放在区块链上。除了发行国家级数字货币 emCash 以外，迪拜还和 IBM 合作推出基于区块链的商业注册系统。迪拜国家银行采用区块链技术来进行反欺诈。迪拜旅游局推出基于区块链技术的市场应用，将潜在的游客与旅游服务提供方联系起来。迪拜的教育部门正在使用区块链记录学术证书。迪拜卫生局 DHA 计划建立一个庞大的基因组数据库，提高疾病预测的准确性。

新加坡一直都是世界上领先的金融科技中心。新加坡主打的策略是营造一个友善的环境，以吸引区块链企业。2014 年，新加坡税务局虽然承认比特币合法，但是仍然要求与法币的兑换时进行确认身份。相比于中国的严禁，新加坡更多的是用法律对其进行监管，使人们能够正确认识 ICO 的风险。这一系列的措施使新加坡迅速成为 ICO 融资额度排名前列的国家。2016 年 9 月，新加坡金管局和印度第二大邦政府签署合作协议，探讨区块链联合创新项目。2018 年与加拿大央行合作试图创建一个跨境支付的区块链平台。最近新加坡更是与中化集团下属企业合作，针对一项出口业务，完成了区块链应用的出口交易试点。

瑞士作为毫无疑问的全球金融中心，对 ICO 纳入监管的同时，还对数字货币的性质作出了细致的区分。相比于其他国家的支持政策，瑞士加密谷的发展更多是得益于稳定、友善的司法环境，发达的金融市场以及仅有 8.5% 的企业所得税优惠政策。在以上诸多因素的共同作用下，大量的区块链企业涌向瑞士楚格，形成了大名鼎鼎的"加密谷"。

通过众多个人、初创企业、服务提供商、行业协会、教育机构、政府和监管机构，尤其是早期的先驱者 Monetas、以太坊、比特币瑞士、MME 法律、数字金融合规协会、比特币协会、瑞士卢塞恩应用科技大学等，加密谷已逐渐成长为全球领先的加密、区块链和分布式账本技术的生态系统。目前，瑞士区块链创业生态系统拥有超过 430 家初创项目、孵化器和加速器。

小　　结

随着区块链技术逐渐为大众所认知，在很多国家眼中，区块链毫无疑问成为解决目前问题，或者是促进未来发展的一种非常重要的工具。现有的发达国家大多凭借工业革命的风口完成了跨越式的发展，而区块链技术毫无疑问是这些国家眼中未来的希望，区块链技术仍然处在萌芽的状态，如果它们可以抓住这次机遇，或许在未来可以完成自己弯道超车的理想。

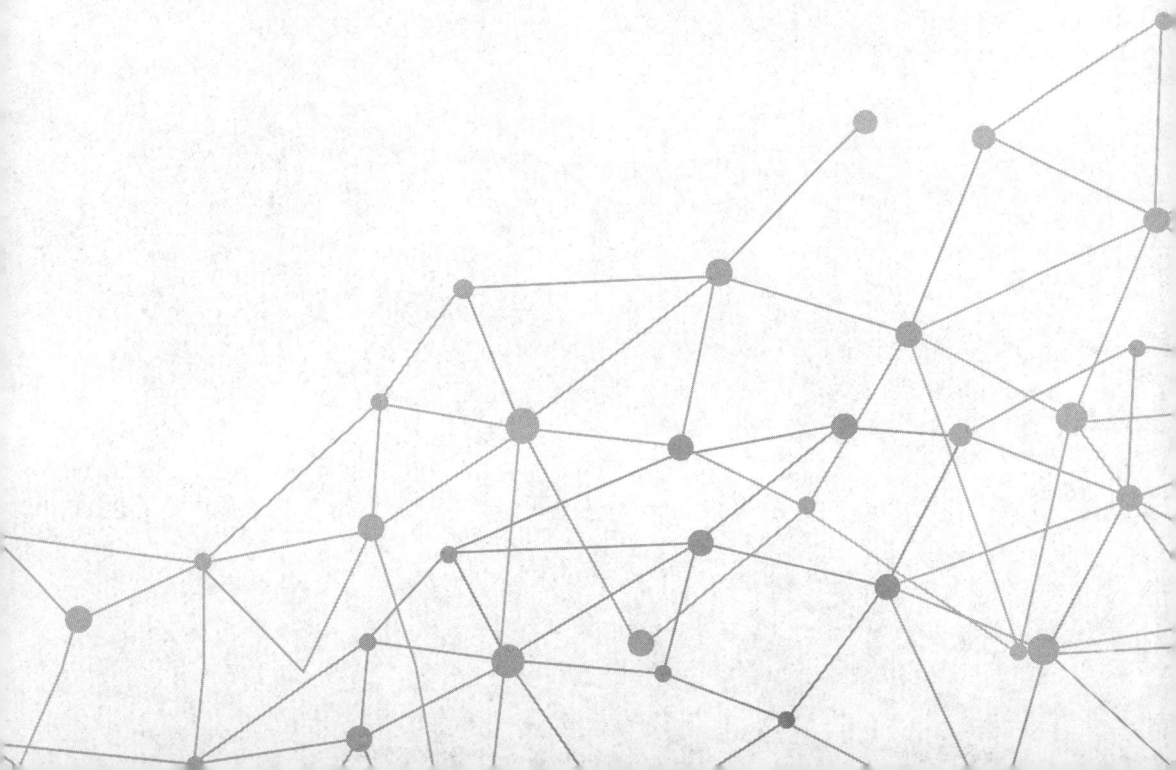

市场趋势篇

区块链：熊来了，还能继续投资吗

城门失火，殃及池鱼。这句话用在比特币上，简直不能再合适了。早在 2017 年年末比特币的价格达到了接近两万美元的顶峰之后，就开始进入漫长的熊市。本来已经跌到 6000 美元左右的比特币价格已经逐渐企稳，最近由于比特币现金的硬分叉，再次来到了一个更低的位置，甚至跌破了 3800 美元的价格。当然，比特币现金的分叉，只能算是其中一个原因。全球经济失速、数字货币监管加强等都可以算作数字货币进入熊市的原因。

但是作为导火索的比特币现金分叉，产生的连锁反应不止于此。比特币价格的大跌，最惨的不是投资者，反而是挖矿的矿工。比特币的最新价格，已经差不多与比特大陆 S9 矿机的成本价相当。而这个型号的矿机被认为是最具性价比的机型。再说一组数据，从 2018 年 10 月到 12 月，比特币的全网算力降低幅度接近一半，当然，这里面有比特币现金算力大战的影响，但是如果保守估计，短短一个半月，起码有超过 200 万台矿机被关停。

本部分将讲述读者比较关心的两个问题，即数字货币到底部了吗？区块链还能继续投资吗？

一、数字货币价格

数字货币的价格还在山腰上，远没有到达底部。当然，这里说的是那些有价值的币种，没有价值的空气币早已经归零，跌无可跌了。我们在前文中讲过，很多知名的项目都出现了中心化的趋势，比特币更是如此。在比特币和比特币现金的世界里，算力决定一切。因此当初比特币现金从比特币中分叉出来的时候，吴忌寒和澳本聪可以因为共同的利益站在一起。而当两者对于比特币现金下一步方向发生分歧的时候，再一次分叉也就顺理成章了。这次比特币现金的分叉，已经赤裸裸地证明了我们之前说过的这个论断。比特币和比特币现金现在已经变成了巨头的"玩具"。

单单从区块链的去中心化理念上来看，比特币和比特币现金在某种程度上和美国的选举制度非常相似，甚至还不如美国的选举制度，因为参与人并不是一人一票，而是巨头们掌握着超过50%的投票权。

那么比特币还能重回价格的高点吗？笔者认为从现在比特币的情况看，是没有这个条件的。现在整个数字货币市场都有一种全面学习股票市场的风潮。很多人喜欢分析K线，将股票市场的那一套完完整整拿过来，套用在币市上。很多人喜欢分析历史，说过去比特币跌了五六次，每次都跌80%，之后就是一路狂涨。现在比特币也跌了百分之七八十，到了历史大底了，赶紧买入，最后一次上车的机会到来了。

事实真是如此吗？首先来看股市的技术投资和价值投资。笔者认为K线分析带来的大多是无法判定的信息噪音，对于投资的帮助并不大。大多数通过技术流派赚到钱的人都是对市场资金十分敏感的人，他们的判断标准包含K线但决不仅仅是K线。相比于简单并且确定性比较高的价值投资，毫无疑问技术流派并不适合大众。其次来看这些喜欢把历史图形一摆，说以后一定怎样的情况。如果投资只是历史情况的简单重复，那大家还需要学习什么？人手一本历史书，去看看今年的投资符合以前的什么情况就可以。

提到房市，"空军"总喜欢用的一句话是，世界上没有只涨不跌的资产。大家无论是看多还是看空，没有人会否定这句话的正确性。反过来看，世界上有没有只跌不涨的资产呢？

有的，荷兰的"郁金香泡沫"相信大家一定很了解。16 世纪中期，郁金香从土耳其引入西欧。这在当时是一种漂亮的新物种，大家以前都没有见过。到了 17 世纪初期，经过扩散，一些珍品的涨价引发了投机的狂热，大家都期望通过价格的无限上涨来获利。当时最贵的一株郁金香的售价超过 30 头公牛的价格。但随着种植的普及，郁金香的价格回归了它本身的价值。

历史并非毫无价值，但是只会借鉴历史就有失偏颇。那么比特币是像中国的股市，有涨有跌？还是像郁金香，跌下去就从未再涨起来过，直到最终回归真实价值？

比特币会涨到一百万美元一枚的价格的原因是什么？是因为它背后的区块链技术吗？是因为去中心化的理念吗？是因为它抗通胀吗？还是仅仅是你想通过投机实现财富自由？

第一个问题，一项技术的伟大在于它可以切切实实改变人们的生活，无论是互联网还是我们现在推崇的人工智能、云计算、大数据都是这样。一项局限在支付的应用，需要有多少人用才能支撑起一百万美元一枚的价格？

第二个问题，区块链的去中心化理念是区块链技术最伟大的地方之一。对于区块链现存的中心化问题，以前大家提到区块链最喜欢说的一句话是，"算力最多者和整个币的利益一致，因此不会轻易破坏生态"。那么现在问题来了，算力"第一"和"第二"的两个人打起来了，整个生态直接变成了两个。一旦撤下了遮羞布，你就会发现，很多区块链项目已经变成了巨头的玩具。你所能选择的，只能是跟随哪一个巨头。

第三个问题我们在前文中已经讲过，就不再重复了。

第四个问题，你想实现财富自由？那么你是一个可以发现市场资金流动的人吗？你可以 24 小时不停地进行理性操作吗？大家不要觉得这很难判断。你只要想想你是否在股市中利用技术长期稳定地赚到过钱就知道了。相比于一个有证监会监管、各路媒体监督、上亿人关注的市场，一个要求公司季报、年报不能少，还必须经过审计的市场，如果你无法通过 K 线分析等技术赚到钱，为什么你还期望自己可以通过同样的技术，在一个毫无监管、完全不透明，甚至都没有定期信息披露的市场中，从那些巨头手中赚到钱呢？

在比特币不发生重大改变的情况下，未来比特币的价格会由什么组成呢？一是作为区块链技术首次应用的历史价值。蒸汽机虽然退出了历史舞台，但是瓦特改良的那台一定会具有非常高的价值。二是炒作的价值。作为曾经的造富神话，一定会被人反复炒作。三是实际应用价值。区块链作为一种支付的应用，其实际价值就取决于它的应用价值，不论是灰色还是白色的。

所以比特币有投机的机会，但是现在这个价格绝对没有投资的机会。它会不会再达前高？这要看炒作的力度有多大了，跟风的人有多少了。即使是有其他应用场景的数字货币，也还要看后续的进展谨慎地选择。所以建议普通投资者在现阶段远离对数字货币的投资。当然，现在比特币又乘着资金的东风站上了 9000 美元的高位，但这个时候我们印象最深的，也许就是传闻百倍杠杆一夕破产的比特易创始人，现在比特币已经完全变成了资金的游戏，如果你想入场你要首先想的是鼓声停的那一刻，花会不会落在自己手里？

二、区块链技术的其他应用

实际上，由于全球监管的加强，现在 ICO 正在逐渐被私募融资所替代。专业投资者正在替代数字货币投资者成为区块链产业中的主要投资者。从数据上来看，和熊市的数字货币不同，区块链项目的 VC 投资，在 2018 年募集超过 50 亿美元，远超 2017 年全年的 9 亿美元（见图 3 - 1）。

Global venture activity in blockchain/cryptocurrency 2013—2019 *

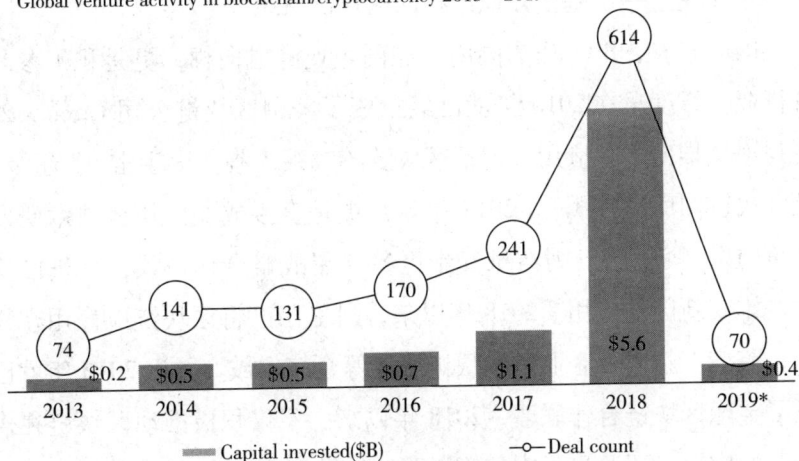

图 3－1　2013—2019 年区块链 VC 融资规模及次数

资料来源：KPMG、如是金融研究院。

这些融资主要投向金融、企业服务和文化娱乐。如前文所说，金融业是目前最适合应用区块链技术的行业，包括但不限于支付转账、各类资产上链等应用。根据相关统计，这些应用主要涉及钱包、资讯等。但同时需要注意的是，包括矿机在内的细分领域，由于行业环境的限制，尤其是最近币价下跌，跌破了很多类型矿机的成本价，相关业务能否持续仍然是个疑问。企业服务则主要集中在数据、信息安全等领域。文化娱乐则主要集中在区块链媒体，2018 年以来，深链财经、巴比特、火星财经、起风财经等均陆续完成融资。

我们可以很明显地看到，随着数字货币市场进入熊市，VC 对区块链的投资却达到了历史新高。

从国外来看，软银、谷歌、花旗银行、高盛、微软、IBM、甲骨文等众多大公司已经成为区块链领域的重要参与者。软银 2018 年年初就和一家俄罗斯商业银行一起加入了区块链联盟 R3。万事达正在试图加快区块链与传统支付基础设施的结合。摩根大通则在测试一个跨境支付产品。

索尼则正在建立一个基于知识产权的区块链系统。

从国内来看，BAT 作为国内互联网企业的风向标，更是积极参与区块链行业。百度早在 2016 年就已经投资了美国区块链公司 Circle，2018 年更是连续推出多款应用，包括区块链游戏莱茨狗、度宇宙，"超级链"以及区块链图库"图腾"。2018 年 8 月更是直接成立区块链技术研发公司"度链"。阿里巴巴则与雄安新区签署了战略合作协议，推进区块链技术在雄安新区的应用。2018 年以来，阿里巴巴将区块链应该用在物流溯源、跨境汇款以及企业级区块链服务等众多领域。腾讯 2016 年就已经加入了金融区块链合作联盟，2018 年以来，不仅积极推动区块链在供应链金融的应用，还开出了中国第一张区块链发票。

小　　结

数字货币的熊市某种程度上可以说是价格向价值的回归，即使是区块链最成熟的应用，现有的数字货币市场规模也支撑不起之前如此高的市值。VC 和企业的大举进入弥补了通证融资不足的部分。事实上，在区块链系统中，融资仅仅是通证的一项功能，对通证与用户之间互动的深入思考或许会成为未来商业模式成熟的一个契机。

交易所：行业中最赚钱的竟然是它

2018 年第一季度年初，币安以 2 亿美元的净利润超过了净利润为 1.46 亿美元的德意志银行（这家银行是德国最大的银行），稍低于纳斯达克的 2.09 亿美元净利润。在比特币巨大的造富效应中，交易所的吸金能力并不引人注目，但是与虚拟货币过山车一般的价格走势相比，交易所的营收模式要更加稳定，长期来看交易所是整个数字货币领域内最赚钱的一方。

一、国内外数字货币交易所

（一）门头沟交易所

世界上第一个比特币交易所的成立具有很大的偶然性，当时 P2P 传输网络"电驴"创始人在"比特币换比萨"事件之后不久，看到了对比特币的相关报道，其中有关 P2P 的技术引起了他的关注。他想尝试购买几个比特币来深入了解一下，但是当时所有的网站购买比特币都很麻烦。于是他创建了一个能够随时随地购买比特币的网站——Mt. Gox。这是全球第一个比特币交易所，后来因为三个首字母"M""T""G"被国内网友亲切地称为"门头沟交易所"。

先发者优势是非常巨大的。当时门头沟交易所一度承担了全球超过 70% 的比特币交易。靠对比特币交易征收手续费，门头沟交易所在 2013

年实现收入 1.3 亿日元。但是好景不长，在 2014 年门头沟交易所遭遇黑客攻击，损失了超过 80 万个比特币，这些比特币在当时价值 3.5 亿美金，因此门头沟交易所不得不申请破产。

后来找回了黑客事件中损失的 20 万个比特币，这 20 万个比特币由破产信托基金和法院掌握，将通过对这些资产的处理来赔偿投资人的损失。但同时由于该账户内持有的比特币数量过于巨大，一旦抛售将会对整个市场产生非常大的影响。尽管破产信托的控制人表示 2018 年以来比特币价格的崩盘与该基金持有的比特币无关，但是实际上很多比特币投资者经常对这批比特币的处理感到担忧。

（二）比特币中国、火币、OKcoin

门头沟交易所的历史告一段落，当时在门头沟交易所如日中天的 2011 年，引发了国内一批创业者的关注，当时国内尚无一家比特币交易所，只有极少数比特币用户使用个人电脑挖矿在淘宝上销售。温州商人杨林科发现了其中的商机，投入数万元人民币搭建出了中国第一个比特币交易所"比特币中国"。作为中国比特币交易所的早期先行者，比特币中国主要收入来源于交易手续费，一度占据了 80% 的中国市场，几乎成为中国版的"门头沟交易所"。

随着比特币价格的飙升，想分交易所这块蛋糕的人越来越多，到 2014 年，国内出现了数十家比特币交易所，大家熟知的火币和 OKcoin 也是那时候诞生的。由于创始人和竞争策略的问题，比特币中国迅速被后来者反超。到了 2015 年年底，火币网和 OKcoin 的市场份额分别达到 50% 和 40%，二分天下，而单纯依靠手续费收入的比特币中国则在激烈的竞争中被迅速边缘化。

火币网在成立之初，一度实行免手续费的策略，重视营销推广，在百度、新浪微博等各大平台投放广告。随着比特币价格飙升、区块链概念趋热，火币网用户数量爆炸增长，迅速成为国内规模最大的比特币交易所。火币网在整个比特币产业链上都有布局，从上游的挖矿到下游的应用，火币网都有涉及，甚至提供国外用户通过比特币投资国内 A 股的服务，营收手段丰富。但是对比特币交易所而言，最稳定的收入来源还是手续费收入，火币网在后来恢复了对交易手续费的收取。

与火币网的营销策略不同，OKcoin 的起家来自莱特币的发行，当时国内仅有比特币这一种虚拟货币，对于数量众多的想要尝试新兴科技的消费者和投资者而言门槛略高，此时旨在改进比特币的新型虚拟货币莱特币的出现引发了广泛关注。OKcoin 上线后主打莱特币交易，莱特币的发行给 OKcoin 带来了大量用户，同时 OKcoin 还向用户提供融资服务，向愿意支付高额利息的用户提供贷款。随着区块链概念的兴起，各主流虚拟货币的价格一路走高，OKcoin 在其中获取了巨额的利润。

这一现状，直到 2017 年 9 月 4 日，一纸公文改变了国内所有数字货币交易所的命运，当天，中国人民银行等七部委发布的联合公告，叫停了所有的 ICO 活动，并要求中国境内的交易所关停。

比特币中国在监管政策落地后不久关闭，2018 年年初被我国香港地区的一家区块链投资机构收购。火币网停止其一切数字资产兑换人民币的业务，并将公司搬迁至新加坡，火币大学、火币资讯、火币研究院等机构还留在国内。OKcoin 将用户引导至国外的分公司 OKEx，变成了一个撮合交易的平台。

（三）币安

被迫迁居海外的火币和 OKcoin 在转型的过程中损失了大量用户，给原本就立足于海外的币安带来了发展的机会。此时刚刚成立不久的币安一开始就定位于国际化交易平台，主打币币交易。因此"9·4"事件发生后，币安仅仅是禁用了国内的 IP 地址。在其他国内平台被短暂关闭时，币安成了急于发币的区块链项目和躁动的资金的唯一宣泄口，一跃成为世界最大的数字货币交易所。

时至今日，一方面，数字货币交易所形成了一个规模十分庞大的市场。排名靠前的币安、OKcoin、火币等交易所的每日成交额均能达到数百亿元人民币，仅就手续费而言收入就十分可观。另一方面，影响日益上升的数字货币也开始逐渐被主流金融行业所接纳，2017 年 12 月，芝加哥商品交易所推出比特币期货。各国的监管政策也日趋成熟，日本、美国等国家都开启了对交易所的监管，或是牌照制，或是注册制，整个交易所市场进入了一个竞争减弱、发展比较稳定的阶段。即便是 Fcoin 的"交易即挖矿"，在各大主流交易所迅速跟进后，也没有对交易所的竞争格局产生足够大的冲击。根据统计，目前来说，前 20% 的交易所收割了 90% 的利润，剩下的 10% 则由上万家小交易所瓜分。

二、交易所收入来源

第一，数字货币交易所最主要最稳定的收入来源是手续费收入，主要分为场外、场内交易的手续费，与期货相关的保证金利息以及提币的手续费。以最基础的交易费率为例，现在世界上主流的交易所普遍对平台内的每笔交易收取交易金额千分之几的手续费，每日交易额排名前列的几家交易所数字货币交易规模巨大，仅手续费收入就十分可观。币安对普通用户的手续费为 1‰。收入最高时可以实现一天成交 400 亿元，手续费收入达 4000 万元。

第二，部分数字货币交易所发行自己的数字货币，如币安的币安币（BNB）。币安的用户可以在币安平台使用币安币购买其他数字货币，币安币总数为 2 亿个，其中 1 亿个对外发行，1 亿个掌握在币安手中。为了推行币安币，币安对持有足额 BNB 的用户在支付交易手续费时，给予一定的打折优惠，同时该平台还宣称，"每个季度将币安平台当季净利润的 20% 用于回购 BNB，并且直接销毁回购的所有 BNB，直至销毁 1 亿个"。用户在币安上进行越多的交易，币安挣到的钱越多，币安币的价格也就越高。

第三，交易所对 ICO 项目收取高额的上线费用。2017 年，ICO 项目数量直线上涨，在我国监管政策出台之前，ICO 的项目数量、募资规模、参与人数都持续增加。根据 2018 年 7 月国家互联网金融安全技术专家委员会发布的报告，2017 年面向国内提供 ICO 服务的相关平台为 43 家，完成的 ICO 项目累计融资规模折合人民币总计 26.16 亿元，累计参与人次达 10.5 万。而在另一份国际报告中，中国的参与者有 200 万。火爆的 ICO 热潮给数字货币交易所带来了不菲的收益，一个 ICO 项目成功的最关键要素就是要在主流数字货币交易所上市，而由于这方面的费用实际极不透明，经常会存在支付巨额上币费来换取本不合格的数字货币上市的权限。甚至很多情况下，交易所会通过自有基金进行项目投资，利用上线的权力拿到一个很低的折扣，然后再进行抛售，这算是一种隐形的上币费用。一般来说，各大数字交易所的上币费用动辄数百万美元。如果不向这些交易所缴纳昂贵的费用，就只能在交易规模几乎可以忽略不计的去中心化交易所发行，对项目发展十分不利。

现在主流的中心化交易所模式，是你在交易所的账本记录里进行交易，任何资产的变动都没有进入到区块链的其他节点中去。先不说中心化的交易所如何违背了区块链的去中心化精神。单说对普通的投资者来说，这种模式就是一种黑匣子，只能寄希望于交易所的公平与公正，自己对自己的利益进行限制。但是细数区块链十年来交易所的发展，经历了黑客攻击、丢币、数据操纵、恶意宕机、操控上币程序种种丑闻，从目前来看，各大交易所这一方面均有所欠缺。

三、去中心化交易所

那么有什么办法能解上述问题呢？

在数字货币交易所巨头林立的行业环境下，一股不引人注目的小势力正在悄然萌芽，正是去中心化交易所。中心化的交易钱包中货币数额巨大，极易成为黑客攻击的目标，比特币交易所诞生以来，曾发生多次交易所受到黑客攻击，用户资产蒙受损失的情况，前面提到的门头沟交易所的倒闭，就是典型案例之一。

去中心化交易所则通过区块链和智能合约技术，无需第三方撮合交易。对于前面说的一系列丑闻事件，其实是一个很好的解决方式。但是像我们之前说的那样，真正意义上的区块链技术所有的缺陷，去中心化的交易所一个不少。无论是交易速度，还是资产跨链的问题，都没有得到很好的解决。虽然早就已经有相关的落地应用了，但实际上由于面临的问题都是根本性的问题，去中心化交易所的发展明显落后于其他领域。目前去中心化交易所发展尚在起步阶段，全球范围内只有几家日均成交额在十几万美元上下的去中心化交易所，但是长期来看去中心化交易所发展潜力不容小觑。

小　结

本部分介绍了目前区块链产业中最重要的角色之一，交易所的发展历史和盈利模式。从盈利的稳定性和前景来看，毫无疑问，整个行业中最赚钱的就是交易所。但是中心化的交易所一方面违背了区块链的精神，另一方面在实际操作中也存在很多的问题，一旦失去监管，中心化的机构根本无法限制住自身的权力。归根结底，未来去中心化交易所的发展，值得大家关注。

挖矿者： 矿工的 "锄头" 还能挥舞多久

最近数字货币领域里最重要的事件，无疑是众多矿工遭遇了一场"矿难"。比特币现金分叉引发的比特币大跌，如果按照最低价格来算，比特币价格跌幅高达 80%。这一价格已经击穿了众多矿机的开机成本价。根据网上的新闻报道来看，部分小型比特币矿场的矿机废弃之后随意堆在院子里，甚至被人按照废铁的价格称斤来卖。

一、矿工和挖矿

我们之前介绍过比特币的共识机制，中本聪最初的设计是通过"考试"挑选一个节点来记录交易，然后给予这个节点比特币作为奖励。这些节点就是"矿工"，参与考试的过程就是"挖矿"，获得的奖励就是"挖"到的比特币。这里有一个隐藏的性质，那就是考试的难度不仅由你自己决定，还由其他人决定。也就是说，如果所有参与考试的人都"聪明绝顶"，那么并不意味着大家都可以快速地通过考试，反而考试会加大难度，保证每 10 分钟只会有一个人通过考试，获得比特币奖励。

这个机制不仅仅是解决了去中介化这个情景下，众多的参与者如何达成共识的问题。它还代表着中本聪"一个 CPU，一份投票权"的理想主义主张。既可以照顾到所有参与者的意愿，又可以实现系统的正常运转。因此中本聪在最初始的版本中，矿工是通过 CPU 也就是大家电脑里的中央处理器进行"挖矿"的。

但是中本聪没有想到的是，财帛动人心。尤其是比特币价格飙升之后，能否通过"考试"，获得比特币奖励变成了一件非常有利可图的事情的时候，挖矿的人越来越多，就像买彩票一样，一个人用自己的电脑挖到比特币的概率已经非常低了。

但这和买彩票的时候，大家共同的概率不一样的是，每个人可以通过提升自己的算力来增加自己在"考试"中获胜的概率。因此比特币系统内的算力如同火箭一般地提升也就可以预想了。

最开始的时候，是因为人们发现相比于用于串行指令集优化的 CPU，显卡中用于图形处理的 GPU 更适合做并行计算。大家可以简单理解为 CPU 优化的是怎么快速地通过一步一步解出某个问题的答案，而 GPU 侧重于同步进行多个简单问题的计算。而比特币的"考试"中大量的重复计算无疑更适合 GPU。因此大概在 2010 年有矿工用 GPU 挖矿之后，整个系统的总算力便有了极大的提升。

这种情况每个人都在竭尽所能地增加自己的算力，这样可以增加自己通过"考试"的概率。这就导致了两个问题：一方面，一旦有新的技术出现，就会迫使矿工更新自己的装备，否则就会在算力竞争中落后。这也是过去矿机生产商利润的重要来源之一。另一方面，算力的急速提升导致了电力的大量消耗，而本质上，这些电力消耗之后实际上只进行了大量无意义的运算。这也是工作量证明这种共识机制被人所诟病的一点。

当时这种情况夸张到什么程度呢？因为矿工对于显卡的大量收购，不要说显卡溢价的问题，很多人甚至溢价都买不到显卡。不仅如此，当时显卡的主要生产商英伟达的股价在不到三年的时间里，就涨了十倍。

但是即使这样，GPU 的算力很快就无法满足用户需求了。因为不论是 CPU 还是 GPU，被生产出来的本意都不是用来挖矿，于是人们很快就设计出了专门用于挖矿的芯片。这里面最有名的就是比特大陆的蚂蚁矿机系列和嘉楠耘智的阿瓦隆矿机系列。其中比特大陆的市场份额接近

75%。目前主流的矿机运算能力已经可以达到每秒20万亿次运算以上。

延续了对显卡的狂热，众多矿工对矿机的追逐给矿机生产商带来了巨额的收益。以当前矿机巨头比特大陆为例，根据比特大陆提交的招股说明书，2017年，也就是数字货币最火爆的那年，比特大陆营收超过25亿美元，净利润达9.53亿美元。而2018年仅上半年，营收就已经达到了28亿美元，净利润为7.43亿美元。

但同样地，活跃在挖矿舞台上的矿机并不只有这种专业的矿机一种。由于共识机制的区别，很多情况下一种型号的矿机只能"挖"某一种或某几种币种，甚至某些币种例如以太币还在使用GPU进行挖矿。除了这些由矿机生产商生产的"挖矿"矿机之外，还有一类矿机，比如迅雷链所使用的玩客云，这就是一种CDN矿机。CDN矿机是一种非传统的矿机，要理解它的运作方式，需要理解迅雷链的商业逻辑。在迅雷链中，用户通过玩客云，共享闲置带宽、存储资源获得生态内的通证，也就是链克，企业首先通过以链克标价的商品例如爱奇艺会员等收集链克，然后用链克支付带宽、存储费用。

但是由于算力的竞争越来越激烈，个人挖矿的算力在竞争中并不存在优势，因此有两种集合式的挖矿形式开始崛起。一种是矿场，一种就是矿池。

二、矿场和矿池

(一) 矿场

首先来说矿场，就像淘金一样，一个人筛洗出的金粒，和大型金矿矿场带来的巨额收益是根本无法相提并论的，矿机技术的成熟给矿场的发展带来一个很好的机会。早期挖矿中实现原始积累的矿工开始大规模采购矿机，直接兴建矿场来进行规模性挖矿。最开始的矿场规模并不大，更加类似于小作坊。无论是耗电量还是占地面积都非常容易得到满足。但是随着矿场规模的扩大，大量的矿机运行所消耗的电力就对矿场的选址提出了要求。因此对于这些矿场来说，水电、煤电丰富，但是消耗很少的地区就成为最好的选择。以四川为例，由于大量的水电资源，在夏季水量充沛的时候，四川的一些水电站电费甚至只有一毛钱一度。到了后来，大部分矿场甚至直接租用水电站的场地，直接建在水电站的内部。进入枯水季之后，矿场就会搬迁到新疆、内蒙古等风电和火电丰富的地区。

从目前矿场的运营模式来看，目前存在三个比较严重的问题。

一是资源浪费严重，大量的资源用于进行无意义的随机运算。2018年5月的时候比特币挖矿所消耗的电力大约相当于世界电力消耗的0.5%，到了8月份的时候，这个数字已经翻了一倍。每天仅仅用于挖矿的电力可以供给超过400万家庭。

二是和金矿不同，比特币的矿场主实际上是很弱势的角色。金矿的矿场主手握黄金这一重要资源，有很强的话语权。而比特币的矿场主，在生产设备上受制于矿机生产商，在生产上受制于电力提供方和政策，在出售中受制于波动非常剧烈的比特币价格。由于现在全网算力规模十分庞大，即使是四川拥有数万台矿机的大型矿场，在整个全网算力面前也没有多少话语权。因此一旦出现像比特币价格大跌的这种情况，风险最高最容易被淘汰出局的正是这一角色。

三是挖矿的收益率越来越低，2018年年末更是跌破了开机的成本价，这一情景不是想象，而是正在发生的事实。从供给上看，这主要是由于随着全球矿工数量的增加和矿机厂商产品的不停迭代，比特币全网算力在以一个极其惊人的速度膨胀。从2017年年底到2018年下半年，不到一年的时间里，比特币全网算力已经增长了6倍，挖矿难度直线上升。是投入资金更新设备以维持原有的挖矿效率，还是维持现状坐视挖矿效率降低，都是当前矿场主面临的两难选择。从需求上看，比特币价格从最高点到最低点曾下跌80%，甚至已经出现了我们在开头提到过的矿机甩卖的场景。总体而言，现在通过矿场挖矿已经从一门高风险高收益的生意，变成了一件高风险低收益的事情。

（二）矿池

矿池的原理其实非常简单，更类似于互联网化的共享算力。矿池通过网络将大量矿工或者是矿场主的算力集中在一起，集团化作业，这样挖到区块的概率就会大大增加，获得之后再按每个矿工的贡献进行分配。如此一来，每个矿工获得的收益期望并没有变化，但稳定性却增强了许多。矿池的主要任务就是给每个参与的矿工分配任务，统计工作量并结算收益。主要的收益分配模式有两种：PPS 和 PPLNS。

PPS（Pay Per Share）模式，按贡献算力占比分配收益，本质上是矿工将算力卖给矿池，无论矿池是否挖到区块，都按照矿工贡献的算力多少来支付费用，假设比特币每 10 分钟产生 12.5 个，某矿池总算力占全网算力的20%，那么这个矿池 10 分钟的期望收益就是 2.5 个比特币，一个贡献了该矿池 1% 算力的矿工，每 10 分钟矿池就会支付他 2.5 个比特币的 1%。参与矿池的矿工获得了固定收益，而矿池则承担了挖不到区块的风险，因此采用 PPS 模式的矿池收费会相应高一些，一般在 4% 甚至更高。

PPLNS（Pay Per Last N Shares）模式，这种模式在成功挖到区块后按对成功挖到这个区块所作的贡献来分配收入，矿池挖到的区块越多矿工收入越高，收入的多寡全看运气。PPLNS 矿池有一定的滞后性，矿工对矿池的贡献要等到矿池获得区块之后才能够结算矿工的收益。

在这两种模式之上还衍生了一些其他的分配模式，例如 PPS + 的模式，对于系统奖励的比特币采用 PPS 的模式进行分配，对于交易手续费则采用 PPLNS 模式进行分配。FPPS 则是对这两种收益都采用 PPS 的模式进行分配。

从 CPU 到 GPU，再到专业的矿机、矿场，最后到了集中化的矿池，一个没有管制的市场在竞争中不可避免地走向垄断。目前整个比特币的算力都被头部矿池所掌握，算力前三的矿池中，前两名 BTC.COM 和蚂蚁矿池是比特大陆旗下品牌，算力第七的 VIABTC 则是比特大陆投资的矿池。比特大陆所能影响的算力已经超过全部算力的 40%。在前五的矿池中，除了比特大陆系的矿池外，还有占比 7.52% 的莱比特矿池，占比 11.16% 的鱼池以及 10.48% 的 SlushPool 这个外国矿池，以前比特大陆员工创办的 Poolin 占比 9.11%。

2018 年 11 月的 BCH 分叉大战，正是由比特大陆系矿池和莱比特矿池等组成的 ABC 战队对澳本聪发起的算力大战。和头部矿池的垄断不同，现在一些小的矿池也在面临生存的危机，2018 年 11 月 6 日老牌矿池 BTCC 宣布无限期停止运营，从现有数据可以看出，在关停之前的一个月，该矿池挖到的区块数是 0。

说到这里，相信大家已经对区块链的挖矿行业有了一定的了解，在最后我们回到挖矿这个行为本身，决定未来矿工的"锄头"还能挥舞多久的，无疑是这几个问题。

挖矿对区块链的意义有那么重要吗？或者说一定要有可交易通证也就是数字货币的存在吗？

三、未来趋势

很多人说到挖矿的时候，总会提到，挖矿产生的可交易通证是区块链激励机制的关键，是维持系统正常运行的基础。对于现有的比特币等数字货币来说，确实如此，比特币的存在和高价正是当前算力大战的根本原因，也是比特币可以正常运行的关键之一。但换个维度来看，对于区块链来说，这是必需的吗？

事实证明，对公有链来说，公有链的系统是需要激励的，但是却不一定是可交易通证。例如我们之前提到的迅雷链，就是这样的一个项目。它的链克更接近于通证的本质，也就是起到了交易中介的作用，对用户共享闲置资源进行了有效的奖励，同时杜绝了炒作的可能。当然，也有像以太坊这样的公链，赋予了通证更多的作用，但同时也通过共识机制的变更，削弱了挖矿竞争的力度，这些我们都会在后续的内容中讲到。从现在来看，未来可能并不需要如工作量证明一样进行军备竞赛式的挖矿竞争，甚至很多项目中的矿机将会直接由项目方发售。从联盟链来说，联盟链由于多是机构间合作进行，更多的是使用区块链技术对现有的业务进行改造，以达到提高效率的目的。在这一方面，是否有可交易通证并不是重点。

小　　结

对于矿工来说，回归维护系统的本质，而不是把通证当作金子一样去"挖"是未来的一种必然趋势。而对矿机生产商来说，短期来看，过去矿机销售的巅峰毫无疑问已经过去，尤其是数字货币熊市下，矿机的需求更会进一步萎缩。长期来看，工作量证明这一共识机制很难找到足够的应用场景，矿机生产商赖以生存的基础萎缩也是一种必然。事实上，比特大陆作为行业的领先者，意图转型 AI 芯片可以看作是一种转型的尝试。因此对于矿工和矿机生产商来说，原先的轨道势必不可持久，如何寻找到一条新的道路才是现阶段最重要的问题。

项目方： ICO 是区块链的必经之路

网上有一个很有名的段子，讲的是在创业过程中，经常会有人有这样的想法："我有一个很好的点子，就差一个程序员了。"这个段子在后来还演变成了另一个版本："今天吃点醋，谁家借点螃蟹。"在旁观的群众眼里，这就是典型的异想天开，项目还没有开始，就已经感觉到达了人生的巅峰。

如果在生活中有人告诉你，他有一个很好的点子，做成了就是下一个阿里巴巴、腾讯，就差一个亿就能实现，需要你支援一点，等到事成之后给你一万倍的收益。相信你肯定认为这人想要空手套白狼。但比段子更让人不可思议的事情是，这个事情在区块链领域居然真的发生了，而且还发生了很多次。无数的投资者前赴后继，生生地打造了一个 ICO 的"神话"。

不论对于项目方还是投资者而言，都需要思考一下，未来 ICO 是不是区块链的必经之路？

在这里我们用通证这个更加广泛的概念来取代之前的数字货币。本书中，数字货币仅仅指代那些基于区块链发行的，并且上市交易的通证。而通证的范围要更广一点，包含了那些没有上市的，例如迅雷链里的链克等。

一、区块链技术应用

不同于大家我们在前文中，将区块链的项目分为基础核心层、中间应用层和外围衍生层。我们在这里根据是否发行通证，以及发行的方式不同，认为目前市场上存在三种区块链应用。

（一）不发行通证

这种主要以联盟链为主。主要是以由各大企业或者组织牵头进行的区块链技术应用为主，主要用于供应链管理、防伪溯源等应用。中国人民银行数字货币研究所就曾经推出过基于区块链技术的资产证券化信息披露平台。2018 年 8 月在深圳落地的首张区块链发票就是一个典型的例子（见图 3-2）。这一类的区块链应用，并不涉及通证的发行，更多的是使用区块链分布式的存储功能，发挥的是区块链不可篡改的特性。以此来降低参与者之间的信息不对称。

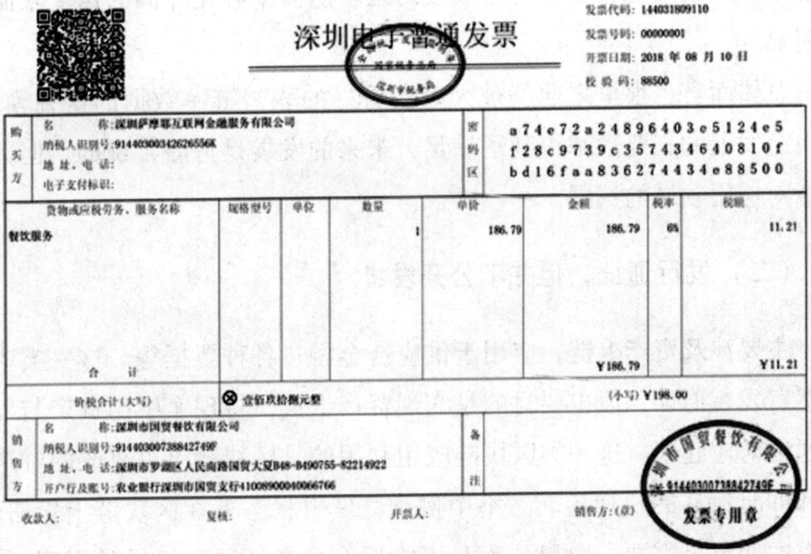

深圳电子普通发票

发票代码：144031809110
发票号码：00000001
开票日期：2018 年 08 月 10 日
校 验 码：88500

购买方	名　　称：深圳萨摩耶互联网金融服务有限公司 纳税人识别号：91440300342626556K 地 址、电 话： 电子支付标识：	密码区：a74e72a24896403e5124e5 f28c9739c357434640810f bd16faa836274434e88500

货物或应税劳务、服务名称	规格型号	单位	数量	单价	金额	税率	税额
餐饮服务			1	186.79	186.79	6%	11.21
合　计					¥186.79		¥11.21
价税合计（大写）	⊗壹佰玖拾捌元整				（小写）¥198.00		

销售方	名　　称：深圳市国贸餐饮有限公司 纳税人识别号：91440300738842749F 地 址、电 话：深圳市罗湖区人民南路国贸大厦B48-B490755-82214922 开户行及账号：农业银行深圳市国贸支行41008900040066766	备注

收款人：　　复核：　　开票人：　　销售方：（章）

图 3-2　深圳首张区块链发票

我们之前说过，区块链发展的三要素：完善的智能合约、单一闭环的区块链系统和匹配的区块链环境。从智能合约来看，在这种类型的区块链应用中，涉及的主要是不同节点间数据的交互和存储，并不会涉及更多的操作设置，因此现有的智能合约完全可以满足这方面的要求。从单一闭环的区块链系统来看，区块链仅仅保证记录的信息不可篡改，但是对系统外部信息的记录是无法保证真实性的。就比如我们前文中提到的那句话"财政大臣正处于实施第二轮银行紧急援助的边缘"，区块链只能保证中本聪写下的这句不会被篡改，但是写下的这句话，是真的还是假的，是由中本聪来决定的。因此在这一类应用中，由于需要存储在链上的信息是在区块链体系的外部，因此核心问题在于写入的信息的真实性。不过由于这类应用多是以联盟链的形式存在，不同于公链，联盟链节点比较少而且一般是可信任的授权节点。就像熟人借贷，违约率比较低一样。因此在实际操作中，限制这些节点的多是各个节点出于对自身信用的维护，而不是区块链系统。从匹配的区块链环境来看，由于联盟链中节点数量比较少，因此最限制区块链去中心化存储的速度限制并不明显。

总体而言，很早之前就被大家所看好的联盟链＋数据的这种模式，区块链发展的三要素都得到了满足，未来的发展是毋庸置疑的，但需要注意对应用领域的选择。

（二）发行通证，但并不公开发售

主要涉及资产上链，应用于供应链金融、各种票据等。这一类应用虽然有发行通证，但主要目的是实现资产上链，将现实中的资产与发行的通证对应起来。这一类区块链应用利用的是区块链不可篡改的资产登记和即时清算的快速流转。举个例子，理想状态下在区块链上卖房子，产权的变更只需要一秒钟，而且不需要有房产证这种纸质的证明文件，只需要得到产权拥有者的授权，就可以随时在区块链上查询房屋的产权所有。

那么它是怎么满足区块链三要素的呢？从智能合约来看，这就是我们之前所说的，只有买与卖两个动作，对于现在的智能合约来说，是比较适合的。从单一闭环的区块链系统来看，这也是这类应用的核心问题所在。由于区块链系统内的运行并无大碍，但是比起前一种应用，多了现实资产与通证间的联系问题。这就涉及现有的法律、制度是否对这种联系有所保证的问题。也就是我们之前提出过的，不在这个系统里的一些行为，最终肯定还是要由现实世界的制度进行保障。从匹配的区块链环境来看，是采取联盟链还是公链的形式？如果是房产这种登记、流转频率比较低的资产还可以尝试公链，像股票、债券这种流动性非常高的资产，如果采用公链的形式，将会对区块链的性能提出很高的要求。目前来看实际中更多的还是采用联盟链的形式，但是对于普通的用户而言，这和之前的中心化机构并无太大的区别。但是采用公链的话又会涉及效率的问题，现有的一些技术解决方案，并不足以达成公链上众多节点的共识。

总体而言，这种区块链＋资产上链的模式，也是一个很好的发展方向。但是一方面，现阶段各个机构更多的还是在探索，而且大多是基于联盟链，主要提高的还是机构之间的信任和交易的处理效率。另一方面，区块链的诞生仅仅十年，而且落地的成熟应用并不多，虽然2018年6月有关于区块链维权的案例宣判，区块链存证的作用得到了确认。但是一旦涉及资产的登记和转移，相关法律、制度会更加复杂且难以确认，未来这一方面应用的发展，在某种程度上来说，也依赖于现实世界中法律、制度对区块链的承认程度。

（三）公开发售通证

例如比特币、以太坊。在这里面还可以分成两种类型。一类是比特币这样功能比较单一的通证，仅仅用于支付。第一从支付功能来看，我们已经在思想的萌芽那一章中论证过，关于现有的数字货币价格的波动性使它无法承担货币的支付功能。第二从去中心化理念上来看，所谓的"抗"通货膨胀等一系列的好处我们并没有见到，反而是远超出法币的通胀，算力越来越集中，包括比特币在内的很多币种已经成为巨头的玩具。从这一点上来看，基本上已经论证了过去十年这一方面的尝试基本以失败而告终。但是其中还是有很多亮点，比如跨境支付，其中的好处我们之前已经说过，不再赘述。再比如稳定币，这里不是指 USDT 等和法币挂钩的稳定币。2018 年 10 月 USDT 的暴跌已经证明了，它只是声称和法币挂钩，实际上挂钩与否，又回到了中心化机构垄断信息的老路子上，外部的用户谁都不知道。而是与一篮子商品挂钩的稳定币，这是最符合哈耶克当初设想的货币竞争理论，同时也是唯一真正有可能成为未来数字货币支付发展的一个方向。

另一类是以太坊这样的公链及 DApp 生态。这也是目前公链项目最多的领域。是目前的领头羊以太坊，整个平台上有 1255 个分布式应用，主要的 DApp 主要集中在游戏、博彩和加密资产交易等方面。并以通证作为一种支付、激励的手段来维持整个生态的正常运行。未来的发展主要还是看在生态中运行的 DApp 对用户的吸引程度。

这里面还有一个需要提到的概念，就是 STO，也就是所谓的证券型通证发行。虽然它是资产上链的概念，但是它同时又公开发售通证。但实际上，在我们看来，现阶段野蛮生长的 STO，比空气币泛滥的 ICO 好，但也好不到哪去。2018 年 12 月北京金融局局长霍学文表示在北京做 STO，将被视同非法金融活动予以驱离。ICO 和 STO 都是通过通证进行融资的行为，只不过前者是对项目的未来融资，而后者是对现有的资产或股权进行融资。但是对于企业来说，一方面 STO 仅仅是提高了证券的交易和流转效率，融资的痛点在于对于资产的真实性及盈利稳定性的确认。另一方面，企业缺乏的不是融资方式，而是缺可以用于融资的好的资产，这也是为什么市面上资金很多，但是企业仍然借不到钱的原因。这两方面的制约表明，没有监管的 STO，设想得很好，优点很多，但是到了最后，只会沦为和 ICO 一样换汤不换药的空气融资。

前面我们提到的一些应用，其实只能算是发挥了区块链的一些优点，从几十年的短期来看，未来的发展方向无非是这几个。

综上所述，为什么区块链具有去中心化的特性到了最后还是会重回到中心化的老路上？大部分的项目都会沦为巨头的玩具？这个问题的根源就在于，我们在用一种中心化的公司体制运营区块链的项目，不论采用什么样的方法，最后一定会沦为中心化的境况。市场的微观个体是中心化的，不论采用怎样的市场结构，最后市场也一定会变成中心化的。

二、区块链技术改变公司组织形式

怎样解决这些在竞争中的垄断问题呢？其实历史已经告诉我们了。

让我们先来讲一个故事，在 800 多年前，刚刚结束了与法国战争的英格兰国王约翰，因为布汶战役的失败，几乎丢失了所有祖先留下来的位于法国的领土。他万万没有想到，回到伦敦将会面临一场更大的危机。当初为了筹集对法作战的资金，约翰在国内变本加厉地征税，变本加厉到什么程度呢，用我们今天的话来说，就是征税让很多人实现了阶层下降。而举国之力发起的战争又惨遭失败，约翰在国内也就名声扫地。1215 年，贵族和教会在市民的支持下，击败了权威尽失的约翰，占领了伦敦。最终这个被人称作"无地王"的英格兰国王，被迫在泰晤士河畔的兰尼米德草地，签署了人类历史上第一部以限制国王权力为目的的法律文件《自由大宪章》。

历史上无数次的经验告诉我们，当一个领域内出现了垄断，所有不是既得利益的群体都会受到损失。当国王垄断了国家的权力，就会给人民带来战争和税收。如果政府垄断了货币，就会给人民带来通胀税。而如果企业垄断了市场，就会给用户带来高价的产品。

从微观个体，也就是公司体制上的去中心化，来解决这种企业的垄断，是唯一有效且可行的办法。因此区块链对于时代的意义，既不在数字货币，也不在区块链的产业应用，而在于区块链对现有公司制的改造，对于股份制的重构。实际上现在已经有所探索，分布式自治组织这个概念的提出就是想用区块链去改造现有的公司体制，这个虽然有很大的意义，但是注定不会成功。除了交易速度、模型设计等等诸多原因外，最为核心的原因就在于智能合约的智能化程度不足，相比于资产的"买"和"卖"，在公司体制中，有无数种行为的存在，现有的，甚至可以预想到的未来，都没有一个足够智能的合约可以比较好地解决公司治理的问题。

小 结

除了ICO之外，其实项目方还有很多的选择。今天的课程为大家介绍了区块链三种应用方式，基本涵盖了区块链一些可能的发展。目前区块链现有的一些应用，只是对生产关系的一种改变形式。如果从长期来看，未来区块链的最大意义可能在于对公司组织形式的改变。

第三方： 资本的冬天里究竟该如何生存

成也萧何，败也萧何。这句话对于区块链领域内绝大多数的第三方机构，都非常适用。回首 2017 年，比特币疯狂的价格让区块链特别是 ICO 成为当年最大的风口。淘宝上甚至出现了专门代写区块链白皮书的写手，一份白皮书几万块钱，一两周就可以交货，让这些写手的收入可以轻松达到数十万元。不过在"9·4"事件之后，ICO 全面被禁，这些写手们也就随之消失，在他们短暂的"职业生涯"中，很多写手甚至没有接触过除了"白皮书"以外的其他项目。而在这一场泡沫的狂欢中，很多的资讯机构、研究联盟、投资机构、培训机构，随涨潮而起，也因退潮而落。

一、资讯机构

早在 2011 年，国内就已经出现了像巴比特这样专门的区块链资讯平台。而在 2017 年区块链泡沫全面爆发的时候，作为区块链行业内为普通投资者获取信息最重要的渠道，资讯行业在这场泡沫的狂欢中一马当先。根据统计，仅名字里带有区块链的公众号就在十万量级，连活跃在老年人朋友圈里的养生类公众号数量都达不到这个数字。

目前专门从事区块链资讯的，就有金色财经、石榴区块链、白话区块链等一系列自媒体及区块链相关利益方下属的资讯平台。还有一些偏研究智库性质的算力智库、链塔财经等。除此之外，钛媒体、36 氪等专业媒体也专门开设了区块链频道。值得一提的是，人民网也在 2018 年 10 月上线了自己的区块链频道。

专业机构和人员的入场也无法掩盖早期 ICO 泛滥下区块链资讯行业的乱象。一般来看，早期阶段主要存在内容质量欠缺、估值虚高以及联合 ICO 项目方发布虚假信息等问题。

（一）内容质量欠缺

拥有庞大数量的区块链媒体区并没有与之相对应的优质内容，根据新榜的统计，超过 50 万的公众号中，仅有不足 100 个公众号有明显的阅读量。很多时候，就算是一些头部区块链媒体发布的文章，阅读量也寥寥无几，很少有形成巨大影响的原创内容出现。

究其原因，主要由两个方面。一方面是人才的匮乏，绝大多数区块链媒体并不具有原创能力，大量的区块链媒体从业者并非专业的记者编辑，而很多仓促招来的记者并不了解区块链，因此无法写出有深度的原创内容，只能简单地翻译国外网站信息，或者是复制、转发少数专业媒体人的原创内容。洗稿、抄袭等现象在区块链媒体行业内屡见不鲜，传统科技媒体钛媒体编辑赵何娟就曾炮轰区块链媒体金色财经抄袭其文章。而由于人才稀缺，网上甚至一度曝出有区块链媒体月薪 6 万元招聘编辑。

另一方面则是在 ICO 泛滥的时期，也就是区块链发展的早期，区块链媒体没有动力进行内容创作。在很多专业人士还未进入的空档期，一些区块链媒体单单为 ICO 项目造势就可以赚取惊人的利润，一篇阅读量数百的软文甚至报价数十万元，大的区块链媒体甚至会直接索取一定比例的项目分红。在这种情况下，通过炒作获得粉丝，再卖广告的收益远远超出创作优质内容带来的收益。

（二）估值虚高

2018 年年初的时候，曾经有一波密集的区块链媒体平台融资新闻。

上线不足一个月的火星财经也获得了包括 IDG 资本等著名投资方在内的投资，估值达到 1.5 亿元人民币。除此之外，还有众多的区块链媒体宣布获得数额不等的融资。

这些媒体缘何能够得到如此高的估值？其实很简单，在 ICO 火爆的时候，单单以广告收益算，一些区块链的头部媒体可以做到月入千万元，而非头部的媒体月收入也能达到 10 万元的量级。甚至有一个在业内广为人知的故事是，一篇点击量不到 200 的软文，要价高达 10 万元。而这种天价软文只是最表面的收入，很多区块链群体通过收取项目费，直接参与项目方盈利的分成。

（三）联合 ICO 项目方发布虚假信息

由于当时数字货币市场炒作之风盛行，市场上的信息不对称非常严重，有知名媒体背书的项目更容易发行。因此一旦媒体发布项目的相关信息，项目方就会将其作为媒体的背书大肆宣传。而且最重要的是，在当前的市场上，由于监管的缺乏，广泛地存在项目方、交易所、媒体三位一体的情况。比如之前媒体就曾经爆料，金色财经创始人同时是火币网和节点资本的创始人，身兼媒体、承销商、项目方三重身份，这背后究竟有没有"割韭菜"，由于没有足够的证据，现在还无法得出定论。

人才匮乏、不重视内容创作、估值虚高、依靠非常规手段牟利，只有潮水退去，才知道谁在裸泳。种种隐患使得这场资本寒冬对于部分区块链媒体而言格外难熬，数字货币进入熊市，ICO 被取缔。2018 年 8 月，火币资讯、币世界、金色财经、深链财经等一批行业头部媒体的公众号被封停。资本潮退去后，没有优质内容输出，除了广告之外缺乏持续造血能力的区块链媒体陷入困境，部分区块链媒体已经不再更新，甚至有些直接关闭了网站。唯有大平台在寒冬中还在坚持，等待遥远的春天。专注于为区块链创业者、投资者提供底层基础性信息与数据服务的巴比特 2018 年完成 1 亿元 A 轮融资；专注于投资者资讯的币世界获得真格基金、峰瑞资本的数千万元天使轮投资；专注于区块链产业深度原创报道、评级、研报、项目数据库的综合型智库平台算力智库，背靠上市公司华闻传媒与时报传媒。

二、研究联盟

除了资讯平台，区块链行业内不得不提的一个角色就是研究联盟。随着区块链行业的发展，区块链应用场景的需求越来越复杂，多机构跨区域合作的研究联盟开始迅速发展，根据中国区块链应用研究中心发布的发展报告，2015—2017 年，国际成立的区块链相关联盟、论坛近 200 个。这些区块链联盟目前以提供科普教育、制定行业标准为主，一方面，给行业内不同机构不同背景的研究人员提供交流分享专业领域知识的平台，以推动区块链行业技术发展；另一方面，随着联盟内合作者的增多，对底层技术的通用性要求也就越高，超过 50% 的区块链联盟都涉及底层规则的搭建。国内主要的区块链联盟有中国分布式总账基础协议联盟、金链盟、中国区块链研究联盟等。中国分布式总账基础协议联盟参与成员有中证机构间报价系统股份有限公司、中国印钞造币总公司等国企，共同合作开发研究分布式总账系统及其衍生技术并开源共享基础代码；金链盟参与成员有微众银行、平安银行、恒生电子、腾讯、京东金融等，专注于整合及协调金融区块链技术研究资源，探索区块链应用场景；中国区块链研究联盟由万向控股、厦门国际金融技术有限公司、中国保险资产管理业协会等共同发起，为区块链开发者提供学习平台，立志研究技术、推广区块链理念。

区块链研究联盟的产品多注重实际应用，基本不涉及发币，而且大多数由实力深厚的国企、民企参与，应用场景更加务实，落地商业应用加速，因此并没有受到太多资本寒冬的影响。目前应用场景多与传统金融、银行、互联网金融、监管等结合，比如 2018 年 3 月，广州仲裁委基于金链盟的"仲裁链"出具了业内首个裁决书，标志着区块链在金融发放贷款的司法应用真正落地。

三、投资机构

区块链的投资正在由个人投资者向机构投资者转变，随着区块链概念的兴起，大量投资机构如同潮水一般涌入这个新兴行业，从投资金额上看，2010—2018 年，投资总金额持续上升，2018 年前三个季度区块链行业投资金额高达 113.81 亿元人民币。从单笔投资平均金额上看，2016 年为 0.14 亿元，2017 年为 0.15 亿元，2018 年前三个季度为 0.35 亿元，持续升高。

在这些投资机构中，真正专注于投资区块链项目的机构少之又少，大多数是追逐区块链风口而来的投资机构，截至 2018 年上半年，中国共有 608 家投资机构参与区块链私募股权投资市场。其中 473 家投资机构仅投资过一个区块链项目，占总数的 78%；投资过 2—4 个区块链项目的投资机构共有 94 家，仅有 41 家投资机构投资区块链项目大于 4 个。

这里要提的不是股权投资机构，而是在区块链投资的热潮中产生的新型的投资机构：Token Fund，也就是所谓的代币基金，这类投资机构专注于投资区块链领域上下游的数字资产投资基金，投资及回报都是以 Token 的形式来实现、结算。目前主要的 Token Fund 有了得资本和分布式资本旗下的几个数字资产投资基金。自 2007 年年底到 2018 年年初，多家 Token Fund 先后成立，行业进入大规模爆发阶段。这场热潮并没能持续太久，2018 年第二季度以后，区块链投资出现了明显的冷却；6 月区块链行业一级市场共有 54 个项目宣布获得投资，平均融资金额为 1453.70 万美元；7 月获得投资的区块链项目为 52 个，平均融资金融为 487.90 万美元，环比降低了 66%。

区块链投资热的冷却和区块链项目上线破发不无关系，大量区块链项目上线破发导致投资机构反思投资策略、部分机构撤回资金，现金流的减少又导致新的区块链项目破发率持续上升。根据统计，2018 年 4 月上市即破发的比例为 70.3%，5 月份破发率为 76.1%，而到了 7 月，这个数字已经高达 86.67%。

在成熟的资本市场，比如股票市场，公司上市之前需要经历一系列严格的审查评估，有相关监管部门保护机构投资者和散户在公司上市前后的利益，公司资产有所保证，难以对投资者利益造成严重的不良影响；而在 Token 发行市场则完全没有相应的监管政策，交易所把持话语权，空气币横行，项目破发几乎是正常现象。

Token 项目大幅破发导致投资人面临短期大幅亏损的压力，相对而言，股权投资则属于传统的中长期投资，受目前日渐趋冷的二级市场环境和大幅震荡下行的币价影响较小。不论是对长期看好区块链的投资机构，还是对想要踏踏实实做好的区块链项目的团队而言，股权融资都是更受欢迎的融资方式。自 2018 年 4 月以来，股权融资项目数量不断增加，ICO 融资项目则不断减少，2018 年 7 月，股权融资项目数量首次超过 ICO 项目数量。区块链创业团队和区块链投资机构抱团取暖，只求能安然度过这场资本寒冬。

除了所谓的 Token Fund 外，还有一种孵化器的投资模式。目前国内区块链孵化器以政府和行业巨头为主导，专注区块链的实际落地应用。不过除了政府和行业巨头之外，部分交易所也凭借前期积累的雄厚资本开展项目投资。2018 年 5 月，OKcoin 交易所创始人徐明星，在北京市金融局的支持下成立了北京区块链生态投资基金，规模为 10 亿元，旨在孵化无币区块链应用。

四、培训结构

最后一类机构是培训机构，当前急速发展的区块链行业面临着巨大的人才缺口，各类培训机构闻讯而来。大学、科技巨头、互联网媒体，还有专业的成人教育、IT 培训机构都在为区块链行业培养人才，这些培训机构良莠不齐，某"区块链大学"甚至被曝光"3 天培养 80 个讲师"，高质量的培训课程供不应求，2018 年 6 月，IBM 宣布提供免费区块链在线课程，仅仅是第一期课程《区块链架构设计和使用案例》就收到了超过 2.1 万个注册申请。即使是培训课程质量再高，速成的人才业只能填补区块链行业中低端人才的缺口，而高端人才匮乏的情况还在持续。即使是目前区块链寒冬的大环境下，依旧有企业愿意开出高薪聘请优秀区块链人才。

小　结

只有在这样一种赚钱效应骤减的情况下，良币才能驱逐劣币，最终行业内留下的将会是踏实做事的机构和人才。这种情形很像早前年在券商工作一样，一入行就碰上牛市，以应届生的身份收入几十万的幸运儿毕竟是少数，大多数人是在熊市的时候进入市场。而到了最后，市场上剩下来的，一定是可以穿越牛熊，从不裸泳的那个人。

数字货币篇

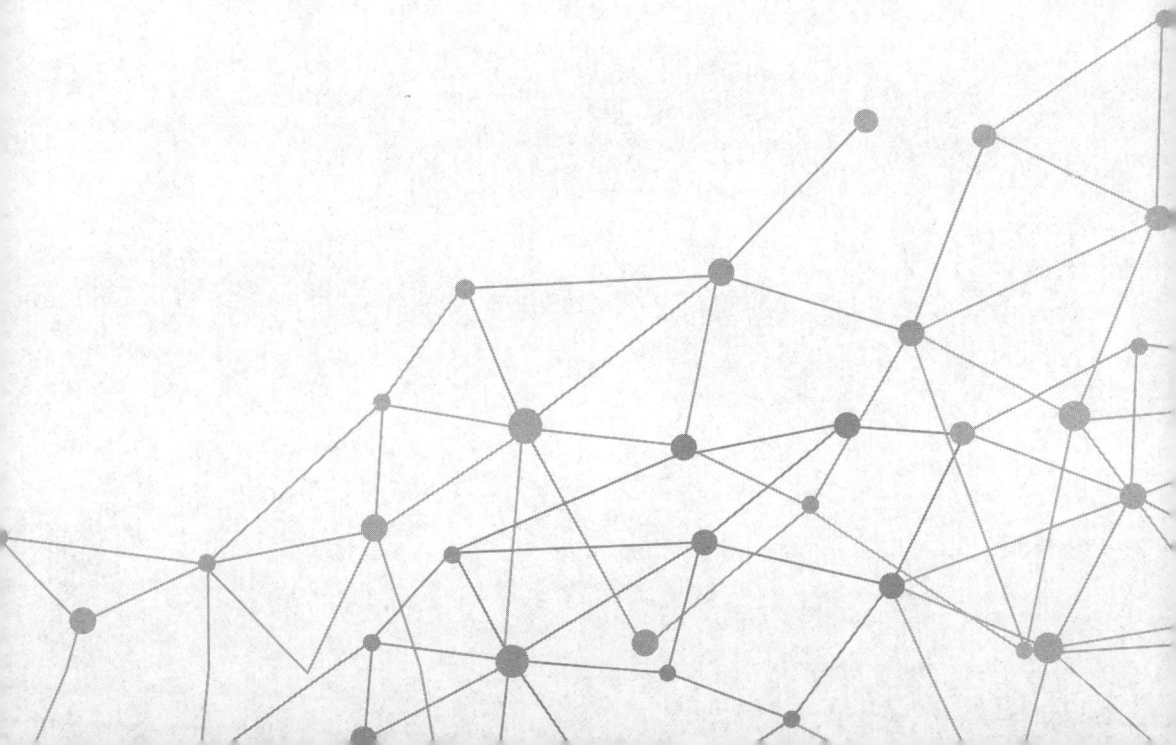

数字货币： 是黄金还是泡沫

有人说数字货币是黄金，因为它数量有限、开采难度逐渐加大、抗通胀、比黄金更容易鉴别和使用。有人说数字货币是泡沫，将它和荷兰郁金香那一次世纪大泡沫联系起来。

那么数字货币究竟是黄金还是泡沫？归根结底，不管黄金具有什么属性，它能够历经千年，始终被人当作价值的等价物，就在于它有用并且不可被替代。我们无意去分析对比黄金和数字货币的相同点和不同点。这就好像猩猩和人类的基因相似度非常高，但却是两个完全不同的物种。简单的对比只能陷入诡辩的范围，数字货币的价值最终还是要看其是否有用以及是否可替代这两个问题上来。

鉴于后文会讲到比特币和以太坊，因此本部分将讲述除了比特币和以太坊之外，那些市值在 100 亿元人民币以上的数字货币都是干什么的。

一、瑞波币

瑞波币，已经超越以太币的 91 亿美元市值，2018 年年末市值达 120 亿美元，仅次于比特币，位列第二。瑞波币是瑞波网络的基础货币，由 Opencoin 发行，主要用于金融机构之间的跨境结算支付。瑞波币不仅是一种代币，而且提供了一种面向全世界的实时支付清算系统，实现了高效的、实时的、低成本的资金转账、兑换服务。对比于原先至少 24 小时的跨国转账，瑞波网络可以在几秒钟之内完成交易确认，并且几乎没有交易费用。

其实瑞波网络这个项目早在 2004 年就已经诞生了，但是由于局限在信任网络内，对于不信任的节点，则无法进行交易。这大大限制了瑞波网络的实用性。直到区块链的共识机制完美地解决了陌生节点之间的信任问题，瑞波网络在 2013 年的时候进化出了一个全新的版本，也就是现在瑞波网络的雏形。

数字货币的先驱比特币实际上仅仅只有转账的功能，转移的也仅仅是比特币这一种通证。但是对于一个支付网络来说，比特币与法币的兑换就是一个很棘手且没有解决的问题。目前比特币与法币的兑换更多的是通过比特币体系外的交易所完成的。瑞波网络为了解决这一问题，在系统内加入了一个全新的概念，也就是网关。网关类似于资金进入瑞波系统的进出口，人们可以通过网关将法币、其他的数字货币与瑞波网络连接起来。这样，在瑞波网络内就会存在一个个信任网络，而将这些信任网络连接起来的正是瑞波币。瑞波币的跨网关流动就意味着资金可以以瑞波币作为中介，在瑞波网络范围内自由流动。但同样地，这个设计使瑞波网络并非一定要瑞波币才能运行，只要存在一个可以跨网关的中介物，就可以使系统正常运行。因此很多合作银行在使用瑞波网络时并不涉及瑞波币。

相比于比特币，瑞波网络有很多独有的设计，比如它的共识机制采用的瑞波共识机制，这一机制与比特币的工作量证明不同，瑞波网络中有一类独特的节点，叫作验证节点，借用我们前面的例子，就是只有验证节点才允许去参加考试，但考试的过程不再是算题目，而是在各自的信任网络内互相验证各自交易信息的可靠程度。只有检验通过了，才能将交易信息记录在所有人的账本上。

为了防止网络攻击，每次交易都会损失一定量的瑞波币，这样通过大规模的瑞波币交易发起的供给，就会面临非常大的交易成本。也就是说，随着交易量的增加，瑞波币的数量是会逐渐减少的，带有通缩的属性。

而且瑞波网络在设计之初，更看重支付功能的实现，而非数字货币的炒作效用。因此瑞波币并不能通过挖矿得到，在系统诞生之初，1000亿瑞波币已经被发行出来了，其中 200 亿分配给了创始团队，800 亿分配给了瑞波公司，因此在瑞波网络中不存在挖矿。瑞波币的分发主要是两个渠道，一是通过业务的开发交易来分发。主要是奖励系统中提供兑换服务的网关。二是向感兴趣的机构投资者直接销售。个人投资者则只能通过交易所进行购买。经过这些年的分发之后，瑞波公司仍然持有超过 60% 的瑞波币。这也是即使瑞波公司作出了锁仓的承诺，广大投资者依然很担心瑞波公司大量抛售瑞波币的原因。

瑞波网络这个系统，在支付领域，尤其是跨国支付领域，有非常明显的优势。在目前完成的六轮融资中，获得了包括谷歌、IDG、渣打银行等众多知名机构超过 9000 万美元的融资。合作伙伴中也不乏三菱东京日联银行、法国农业信贷银行这样的大银行。

二、恒星币

2018 年年末恒星币市值 21.35 亿美元，排名第四。恒星币是基于瑞波共识协议而创造的支付网络。因此恒星币与瑞波币的作用基本一致，两者是支付领域的竞争对手。最开始恒星网络只是对瑞波共识协议的相关参数进行了修改，后来发展了一套自己的恒星共识协议以替代旧有的瑞波共识协议；但实际上对用户来说，区别并不是特别大，而且由于起步较晚，合作方远不及瑞波网络。

三、泰达币

USDT，也就是大家所说的泰达币，2018 年年末市值 18.66 亿美元，位列第五。所有的泰达币都是通过协议在比特币区块链上以代币的形式发行，每一个泰达币都与美元 1∶1 挂钩，也就是所谓的通过与法币挂钩而发行的稳定币。这种数字货币最大的亮点就是和美元 1∶1 挂钩的设计，其余部分并没有太多的亮点。在价格波动非常剧烈的数字货币市场吸引了很多的投资者关注，在 2014 年发行之后，很快就发展为市值排名前十的币种。

但是这种数字货币只是相当于由私人发行的货币，不仅区块链技术的种种特性没有得到体现，单单相当于在数字货币和美元之间加了一道兑换的中介。虽然它号称"1∶1 挂钩"，但是其资产的不透明性一直受到广大投资者的诟病，甚至被认为有严重超发的嫌疑。2018 年 10 月的暴跌就是这种怀疑的表现。

前文提过，目前稳定币主要有三种，一种是像泰达币这样的与法定货币挂钩的稳定币，一种是通过智能合约调节数字货币供应量的担保类稳定币，最后一种则是以资产作为抵押的稳定币，目前一般以数字货币作为抵押，都存在着各种各样的问题。

但是问题归问题，目前稳定币领域的龙头毫无疑问是泰达币。其实我们可以将这种稳定币看作私人发行的数字化"美元"，并没有区块链的里子，只是蹭上区块链的热点。

四、ABC 和 SV

还有一类就是由比特币分叉而来的比特币现金，之前由于吴忌寒和澳本聪的分叉大战，又分叉成了 ABC 和 SV 两条分支。2018 年年末 ABC 市值为 17.29 亿美元，排名第六。SV 市值为 15.26 亿美元，排名第八。

比特币现金的诞生和比特币的扩容争端有关。我们最早说过比特币的运行中，系统通过对考试难度的控制，使每隔 10 分钟才会产生一个区块。这一个区块记账的人，会将每隔一段时间的所有交易都打包上传到区块上。而每一个区块的大小是 1MB，这是中本聪最初的设计。这在发展的初期是没有问题的，但是随着使用比特币的人越来越多，交易数量也越来越多。这个其实很好理解，如果用账簿来打个比方，一页账簿只能记录 100 笔交易，一旦交易数量超过这个数字，就只能等待下一个账簿。在区块链上就表现为区块的容量不足以容纳过去 10 分钟发生过的交易，很多交易需要在区块外面排队。到了后来，由于数量太多，一笔交易可能 24 个小时也无法完成。这对于现在我们用支付宝或者微信进行秒级的转账来说，是无法接受的。

因此就有两拨人提出了两个方案，一个是比特币的核心开发组，他们提出了一种叫作隔离见证的方法。因为在一笔交易中，占据容量最大的是你的签名，而不是交易的内容。如果不将签名放到区块中，只将交易的内容放到区块中，就可以记录超过一倍的交易数量。核心开发组希望通过这种技术升级来提高比特币交易的效率。另外一拨人就是现在的吴忌寒和澳本聪，他们认为应该用更大的区块也就是更大的账簿去记录交易，这样的话就可以记录更多的交易了。两者之间无法达成一致，就各自进行了各自的升级。核心开发组选择了隔离见证，其他人选择了将区块大小扩充到 8MB。两者对对方的区块并不兼容，因此 2017 年 8 月比特币发生了硬分叉，分为比特币和比特现金两种数字货币。如果两者对互相的升级进行兼容，这就是我们平常所说的软分叉。其实比特币已经发生过很多分叉，诞生了诸如比特币黄金、比特币钻石等一系列山寨币，但是最后经过市场的选择，市值比较大的只有比特币和比特币现金这两种。

因此大家可以看出，这一阶段的比特币和比特现金除了交易记录方式的不同，并没有实质的区别。

那么 2018 年年末发生的比特币现金分叉又是怎么一回事呢？这是因为吴忌寒和澳本聪之间在合力完成了比特币的分叉后，他们俩又发生分歧了。以吴忌寒为首的 ABC 阵营，认为现有区块大小已经足以满足需要，希望能够向平台方向发展，也就是以太坊和我们后面会提到的 EOS 的发展模式。而以澳本聪为首的 SV 阵营，则认为应该将区块扩容到 128M，并且坚持当初中本聪设置的发展路径。这一次就不是关于数据记录方式的分歧了，是关于未来发展方向的分歧。在经过一番算力大战后，双方正式分道扬镳，分成了 ABC 和 SV 两个币种。

五、EOS

2018 年年末 EOS 市值为 16.56 亿美元。EOS 和以太坊很像，和用于支付的比特币以及瑞波币不同，EOS 构建了一个分布式区块链系统。它用区块链技术构建了一个底层系统，然后在这个系统上，可以运行各种各样的分布式应用，也就是所谓的 DApp。这更类似于大家都在用的 IOS 一样，DApp 就是跑在 IOS 系统上的 App，只不过他们多了一个分布式的特点而已。

EOS 号称是"区块链 3.0"，主要是因为它通过并行链和 DPOS 的方式提高了整个系统的 TPS，并行链我们之前举过例子，就是玩游戏一个内存条不够，多上几个内存条，游戏总能跑得起来。DPOS 则是一种共识机制，中文名叫委托权益证明。它更类似于美国的民主制，在整个系统内有 21 个需要经过选举的超级节点，只有它们才有记账权。像比特币就是所有节点都可以记账，而 DPOS 则通过减少记账节点的方式提高了记账的效率。

作为生态中最重要的 DApp，目前 EOS 上仅有 206 个 DApp，远远少于以太坊。排名前 20 的应用中有 14 个是赌博相，游戏仅有 1 个。

值得一提的是，EOS 甚至发布了自己的宪法，并建立了核心仲裁法庭进行相关纠纷的仲裁。相比于一种单纯的区块链系统，EOS 更像是一个初生的自治组织。但是无论是 21 个超级节点还是仲裁法庭，都是向中心化的一种妥协。在当前没有监管的体系下，社区的正常运营，只能寄希望于巨头们的自律和持币者的舆论声讨。

小　结

本部分介绍了目前市值还在 100 亿元人民币以上的数字货币（比特币、以太币除外）。虽然都是基于区块链技术，但是都有各自的技术亮点和鲜明特色。深入理解这些数字货币的运行逻辑对于进行区块链的投资有很大的帮助。

比特币： 只能用于支付， 为什么比特币还这么值钱

一、比特币创始人中本聪

谁是中本聪？这是一个至今都没有答案的谜题。虽然我们找不到中本聪，但是宣称自己就是中本聪的人却不在少数。这里面最有名的就是我们之前提到的参与了比特币分叉和比特币现金分叉的澳本聪。澳本聪真名叫克雷格·赖特，他身在澳洲并且自称自己为中本聪，虽然受到广泛的质疑，但是澳本聪这个名字还是流传了下来。

这个故事还要起源于 2016 年 5 月，当时克雷格站出来，宣布自己就是"比特币之父"中本聪的时候，并且注册了数百项关于区块链的专利，得到了一些区块链核心开发者的承认。在他向公众提供的证据中，包括一篇早于中本聪论文，但内容相似的加密货币论文，一个和中本聪有关系的公钥，一段关于比特币测试版上线的预告，一个和中本聪邮件地址非常类似的邮件地址。

但是 2016 年 5 月，有一名 BBC 的记者将一笔比特币汇款汇入中本聪的地址，要求克雷格汇回这笔钱，但至今没有结果。而在另一名记者的调查中发现，克雷格自称涉及 1500 万美元的商业利益，主要还是当初克雷格由于财务困境，以中本聪的名义拉来的一笔投资和相关的专利，才能够有利可图。但是直到现在，克雷格也无法给出中本聪的区块链签名。

归根结底，值钱的比特币创始人的名头才有意义。中本聪在创造了比特币这一去中心化的加密货币之后，悄然消失，给比特币添加了一股神秘的色彩。以太坊的创始人维塔利克说过如果有证明克雷格就是中本聪的确凿证据，那么我不会改变对克雷格的看法，而是要改变对中本聪的看法了。

那么，为什么比特币这么值钱？关于比特币的技术、缺陷以及未来我们在前文中已经说过很多了。这里通过对比特币过去十年的梳理，让大家明白比特币是如何一步一步成为一个神话的。

比特币的故事开始于 2008 年，中本聪的论文《比特币：一种点对点的现金支付系统》（见图 4－1）在一个密码学讨论组发表。当时正值全球金融危机，作为应对，各国央行的货币政策转向了一轮又一轮的量化宽松，造成了史无前例的全球资产泡沫。

Bitcoin: A Peer-to-Peer Electronic Cash System

Satoshi Nakamoto
satoshin@gmx.com
www.bitcoin.org

Abstract. A purely peer-to-peer version of electronic cash would allow online payments to be sent directly from one party to another without going through a financial institution. Digital signatures provide part of the solution, but the main benefits are lost if a trusted third party is still required to prevent double-spending. We propose a solution to the double-spending problem using a peer-to-peer network. The network timestamps transactions by hashing them into an ongoing chain of hash-based proof-of-work, forming a record that cannot be changed without redoing the proof-of-work. The longest chain not only serves as proof of the sequence of events witnessed, but proof that it came from the largest pool of CPU power. As long as a majority of CPU power is controlled by nodes that are not cooperating to attack the network, they'll generate the longest chain and outpace attackers. The network itself requires minimal structure. Messages are broadcast on a best effort basis, and nodes can leave and rejoin the network at will, accepting the longest proof-of-work chain as proof of what happened while they were gone.

图 4－1　比特币：一种点对点的现金支付系统

二、比特币的价格变动

在 2009 年 1 月中本聪挖出第一个创世区块，并获得了最初的 50 个比特币之后，中本聪将 10 个比特币交易给了哈尔·芬尼，完成了世界上第一笔比特币交易。截至 2010 年年初，已经有 160 万个比特币被挖出来了，不过和现在不同的是，当时的比特币的价格基本等同于废纸。

在第一枚比特币被挖出后的一年半，终于有人在现实世界里第一次使用了比特币。佛罗里达的一个程序员，用 1 万个比特币购买了价值 25 美元的比萨，以此价格计算，当时每枚比特币仅为 0.0025 美元。

在随后短短两个月里，比特币的价格涨幅超过了 30 倍，名噪一时的门头沟交易所也在东京成立。在 2010 年年底的时候，比特币市值达到了 100 万美元，当时每个比特币价值 0.5 美元。

在这之后比特币经历了 2011 年、2013 年和 2017 年四个价格高点，完成了从一万元到一亿元的蜕变。

比特币价格的第一波高峰出现在 2011 年。在 2011 年年初的时候，比特币价格首次到达 1 美元。到了 4 月份的时候，中本聪发出最后一封电邮后彻底消失，而在年初的时候中本聪已经不在论坛上发帖了。在 6 月份的时候曾经短暂地到达了 31 美元的历史新高之后，就开始不断下跌，主要的原因就是当时黑客从门头沟交易所盗取了超过 6 万的用户数据，并以 0.01 美元的价格给自己转移了大量的比特币。

比特币价格的第二波高峰出现在 2013 年年中。比特币的价格随着区块链技术的不断扩散以及众多接触者对其创新性的认知不断走高，在 2012 年年末便已经达到 33 美元左右的高位。根据比特币每 4 年产量减半的设定，在 2012 年年末时正逢产量减半时间点，加上专门用于挖矿的矿机上市提高了挖矿的难度，造成了比特币价格的急速攀升。2013 年 4 月最高达到单价 266 美元，从上一个高点 31 美元到 266 美元，仅仅用了 40

天。第二天比特币价格就大幅下挫 50%。

比特币价格的第三波高峰出现在 2013 年年末。比特币于 2013 年年末达到最高 1200 美元左右，当时世界范围内中国比特币持有量已经达到世界第二，交易量位居世界第一。年底的时候由于知名毒品买卖网站"丝路"被美国 FBI 查抄，造成比特币价格大幅下跌。

同时注册在我国香港地区的比特币交易平台卷款跑路，诈骗内地投资者超过 2000 万元人民币，紧接着中国人民银行等五部委发布了《关于防范比特币风险的通知》，比特币价格跌幅超过 30%。2014 年年初世界最大的比特币交易网站 Mt. Gox 比特币被盗并下线，众多负面消息的曝出使比特币进入了长达一年半的熊市，价格逐渐降低到 250 美元，这种情况直到 2015 年年中才有所改善。

比特币价格的第四波高峰出现在 2017 年。这主要是 2015 年 9 月后比特币开启了新一轮上涨，之后便长期徘徊在 500 美元左右。2016 年 7 月，比特币第二次产量减半发生，单个区块的比特币产量由 25 个变为 12.5 个。2017 年年初大批的新资金终于注意到比特币这一涨幅巨大的"投资品"，由此，开启了比特币最疯狂的一波上涨，最高时接近 20000 美元的价格也使得比特币被推到风口浪尖。2017 年 5 月，有一款名叫 Wanna Cry 的电脑病毒在全球范围内暴发，感染了大量计算机，黑客通过锁定受害者电脑的方式向受害者勒索价值 300 美元的比特币。这件事的炒作，在某种程度上助推了比特币价格的进一步上涨。比特币期货、比特币 ETF 等众多衍生品也随之提上了日程。

在最疯狂的 12 月，除了众多的 ICO 项目，比特币甚至诞生了 8 个分叉币，分别是超级比特币、闪电比特币、比特币白金、比特上帝、比特币铀、比特币现金增强版、比特币白银和比特无限。

不过紧接着高点之后的就是一波急速的下跌，在其中，伴随着 ICO 滥发空气币，比特币现金分叉等众多利空的因素，在三波跌幅之后，基本已经稳定在 3200 美元这个价格水平上。

三、比特币地址

截至 2018 年，已经有超过 80% 的比特币被挖出，比特币的网络节点已经超过了 10000 个，其中 23% 的节点在美国，19% 在德国，7% 在法国，仅有 6% 在中国。

那么有多少比特币地址呢？大家一定想不到，虽然仅有 10000 个节点，但是有超过 2000 万的比特币地址，其中超过一半的地址持有的比特币数量不足 0.01 个。相反地，有三个地址持有的比特币数量超过 10 万枚。根据 CoinMap 的统计，支持比特币支付的线下场所超过 13000 个，主要集中在欧美、巴西、日本等地。

四、比特币价格上升的逻辑

在比特币过去十年的发展中，单从价格上来说，起到决定性作用的因素只有两个，一个是比特币每四年产量减半这个设定，另一个是区块链技术逐渐进入我们的视野，我们对区块链的了解经过了一个从无到有的过程，在这个过程中，作为区块链第一个落地的应用，比特币吸引了无数"新"资金的目光。

先从比特币产量每四年减半这个设定来看，2012 年年末和 2016 年年中这两个时间点都对应了比特币价格的高点。从供给上看，由产量减少带来的价格上升在逻辑上是成立的。但是对于比特币这一产量固定，使用价值固定，炒作价值突出的数字货币来说，更多的还是受情绪影响，而非供给短缺的影响。由此来看，下一次的比特币产量减半大约在 2020 年，随着 2020 年经济形势的逐渐企稳回升，也会为比特币带来一波新的炒作。

再从"新"资金的角度来看，一个事物从未知到已知，必然会不断地带来新的流量。对于移动互联网来说，这些流量就是使用智能手机的人不停地增多，这就是移动互联网发展的红利。对于数字货币来说，这些流量就是不断入场的新资金。换智能手机的人越来越多，但总有停滞的一天，也就是我们现在所说的移动互联网的天花板。而入场的新资金，从某种意义上来说，如果未来区块链没有出现杀手级的落地应用，那么可以认为未来入场的新资金量更多的还是出于"博傻"的目的而入场。和分红的股市不同，数字货币市场并不创造任何价值，所有辉煌的造富效应，背后都有无数人输得倾家荡产。

股市可以按一定周期，吸引新资金入场，是因为它确实代表着可以对世界作出改变的公司。而数字货币市场，如果下一次还是停留在概念的炒作上，数字货币的价格只能像是炒作概念的股票一样，在波动中逐渐下降，直至回归真实价值的价格水平。

小　　结

本部分介绍了比特币价格的四波高峰。只能用于支付且性能非常差的比特币高昂的价格背后，是区块链技术第一个落地应用的价值，是支付的价值，是炒作的价值。比特币价格的下跌更像是回归价值，未来比特币上涨的可能性主要集中在应用的扩展和非理性的"新"资金进入这两个方面。

以太币： 80 万元买一只猫是什么体验

一只猫能卖多少钱？如果你是爱猫人士，你也许知道，淘宝上从几千元的英短到上万元的布偶只是宠物猫市场的一个小小缩影。如果我告诉你，一只猫可以卖到 80 万元，相信大家一定觉得不可思议。尤其是如果我告诉你这只猫还不是真的，它只是存在于区块链平台以太坊上的一款游戏中。那么这个游戏乃至这个平台究竟是什么呢？这就是下面要讲述的内容——以太坊及其上的 DApp。

一、以太币与比特币的区别

和仅仅发挥了支付功能的比特币不同，以太坊致力于成为一个底层的系统，允许开发者在这上面开发 DApp，并通过一种简单的方式让用户使用它们。它所使用的数字货币就叫作以太币。以太坊比比特币更加复杂，以太坊就像 IOS 这样的系统，跑在上面的 DApp 就像我们手机中的 App 一样。

这样的好处是什么呢？每个相信区块链的程序员不需要从头搭建一条区块链，只需要使用以太坊的语言开发自己的 DApp 就可以了。因此以太坊和 DApp 都是基于区块链技术，只是比 IOS 和 App 多了一个分布式的特点。

这个分布式的特点怎么理解呢？比如说我们想进行一个很复杂的数学计算，以前我们需要把数据发送给中心化的服务器，它进行计算得到结果后，再重新发给我们。分布式的系统则是，我们把数据发送给系统上的某个节点，然后这个节点进行计算，再把结果发送给我们。这个节点是不确定的，因此系统内的所有节点都可以为我们提供原先中心化服务器的服务，这就是所谓的分布式。

因此用户在执行以太坊上的智能合约的时候，需要支付一定的费用给具体执行运算、提供资源的节点。但是这种分布式的设计，和比特币一样，也带来了一个很严重的问题，那就是扩容。以太坊目前日均交易量是百万级别，但是以太坊每秒只能处理 15 笔交易，因此通过技术升级解决这个问题刻不容缓。

除了这一点之外，以太坊和比特币还有一个很大的区别。以太坊将采用的是权益证明共识也就是 POS 共识，这种共识机制和工作量证明完全不一样，工作量证明是算力为王，谁算力强谁能挖到矿。而权益证明共识则是货币为王，谁持有的货币多，谁持有的时间长，谁就能记录新的区块，获得新的奖励。

但是权益证明共识的一个问题就是最初的数字货币从何而来的问题。以太坊对此的解答是前期采用工作量证明的共识机制，等到有一定的货币存量之后，再转换到权益证明上去，因此以太坊的发展分成了前沿、家园、大都会和宁静四个阶段，前三个阶段才用工作量证明机制，在第四个阶段切换到权益证明共识。现在仍然处在工作量证明的阶段，但是和比特币的算力竞争不同的是，以太币采用的挖矿算法不适合用现有的矿机进行挖矿，因此算力竞争并不如比特币那样激烈。

除了这两点不同之外，以太坊还有很多细节上的设定与比特币不同，比如目前以太坊大概每 10—15 秒产生一个区块，并且没有每四年减半的设定，总发行量没有上限等。

二、以太坊的创立

以太坊的创始人维塔利克，也就是我们所说的 V 神，在 2013 年年末发布了以太坊的初版白皮书，并招募了一批认同以太坊理念的开发者，进行以太坊的开发。

在经过了半年的筹备之后，2014 年 7 月 24 日，以太坊进行了为期42 天的以太币预售，一共募集到 31531 个比特币，售出了超过 6000 万的以太币，以当时的价格计算，高达 1843 万美元。除此之外，还有 1% 的以太币分配给了之前的开发者，因此，以太坊正式发行了超过 7200 万个以太币。

在预售之后的一年，也就是 2015 年 7 月，以太坊正式上线。处于前沿阶段的以太坊只有一个挖矿的界面和一种上传和执行智能合约的方法，在这一阶段的以太坊并没有图形界面，只有命令行界面。

2016 年 3 月，以太坊进入家园阶段，虽然并没有明显的技术改进，但是在这一阶段以太坊终于提供了图形界面的钱包，普通用户也可以参与到以太坊的发展中来。

到了 6 月份，以太坊上的一个去中心化自治组织由于智能合约的漏洞，导致超过 5000 万美元的以太币被盗，不过由于提取程序的问题，黑客并不能立刻提走这些以太币，这就给了以太坊开发组一定的时间来进行处理。最终以太坊通过硬分叉使所有的以太币回归原处，以太币分叉为以太币和以太经典。

这在当时引起了很大的争议，为什么呢？换作大家比较熟悉的比特币，这其实就相当于比特币算力垄断者为了保护被盗的比特币发动了一次 51% 算力攻击，修改了交易数据，使被盗的比特币回到了持有者的账户。这相当于自己破坏了自己定下的规矩。

2017 年 3 月，摩根大通、微软、英特尔等企业成立企业以太坊联盟，致力于提高以太坊区块链的隐私、安全性和扩展性。

2017 年 6 月，俄罗斯总统普京在圣彼得堡的国际经济论坛上亲自接见了维塔利克。

2017 年 10 月，以太坊正式进入大都会的第一阶段，大都会阶段分为两个小的阶段，拜占庭和君士坦丁堡。目前以太坊正处在拜占庭阶段，这一阶段主要是为不懂计算机命令的普通用户提供一个图形界面，使普通用户可以简单地使用以太坊上的 DApp。而旨在提高以太坊网络效率和降低费用的君士坦丁堡已于 2019 年年初实现。

至于最后一个阶段，宁静阶段的发布日期尚未确定，在这一阶段以太坊将实现从工作量证明共识转向权益证明共识。

三、以太坊上的应用

以太坊最为出名的应用是代币发行。市场上超过 80% 的 ICO 是通过以太坊平台发行的。这是因为，在以太坊平台上，有一套 ERC 的数字货币发行标准体系。在这个体系下还有 ERC20、ERC223、ERC721 等众多标准。ERC20 是目前最为通用的数字货币发行标准，规定了数字货币的符号、发行量、转账等技术细节。就连以太坊的竞争对手 EOS 的数字货币最开始也是在以太坊上进行募集，只不过是在 EOS 主网上线之后才一一对应地映射到了 EOS 主网上。ERC223 则对于合同保护和防止数字货币丢失等方面做了一定的改进。

前面两种标准针对的都是标准化的数字货币，而 ERC721 是一种比较特殊的数字货币，主要是非同质化的数字货币，以太猫就是通过这个协议发行的，每只以太猫都有独一无二的代码，因此没有完全相同的两只猫，这就是所谓的非同质数字货币。目前以太坊生态系统已经发布了上千种代币。

再来说一些比较有名的应用，之前大火的加密猫就是这样一款基于区块链的宠物养成游戏，包含了猫的生育、收集、购买和销售等环节，也有人称这个游戏为云养猫。我们知道以太坊的处理速度是一个缺陷，因此以太猫这个爆款游戏一上线就占据了以太坊超过 15% 的网络、超过 30% 的交易量，直接造成了以太坊网络的拥堵。

在游戏的开始阶段，开发者售出了 100 个创世猫，每只猫的长相都不相同。两只猫生出的孩子可以遗传到不同的基因组，总计共有 40 亿种可能性，引起了广大参与者的炒作。但是实际上，由于在每只猫背后的代码是可以被解读的，很多人通过有意识的繁殖产生了大量珍贵品种的猫，进行售卖，对整个游戏生态造成了严重的影响。目前由于玩法单一，新入场的资金越来越少。加密猫的活跃度已经下降到所有 DApp 中的第七名，过去 24 小时的用户仅有 305 人。

但是受这股热潮影响，国内很多企业也推出了类似的宠物游戏，例如 360 的"区块猫"，小米的"加密兔"，百度的"莱茨狗"，网易的"招财猫"。

除此之外，以太坊上博彩类的 DApp 也为数众多，以 Fomo3D 为例，它就是一个简单执行的智能合约，有以下几个规则。第一，最后一个付钱的人可以获得资金池中的部分资金。第二，游戏启动后每有一个人付钱，倒计时时间就会增加几十秒。

因此这个游戏非常简单，只要你是最后一个付钱的人，就可以拿走奖金。同时如果你是早期买入的用户，也可以从资金池中分到一笔收益。

目前第一轮游戏已经于 2018 年 8 月份揭晓，获奖者获得了超过 1 万个以太币，当时价值人民币超过 2200 万元。乍一看，这个很像没有庄家的资金盘，避免了普通用户被操盘的命运。但是事实上真是如此吗？

在带给人们便捷的同时，由于很多用户不懂技术，区块链乃至互联网技术实际上剥夺了用户的知情权。加密猫就是一个例子，加密猫繁殖的背后并不是随机的，在程序员眼里，是有迹可循的。如果你去买"珍稀"的加密猫，最后只能是竹篮打水一场空而已。

Fomo3D 的这次开奖结果更是如此，一个无人操纵的资金盘游戏并不意味着公平，反而有可能是有人作弊也无可奈何。毕竟，抽奖轮盘作假可以通过肉眼看出来，隐藏在代码背后的作弊，普通人根本发现不了。

那么这个用户是怎样通过作弊的手段得到这份价值超过 2200 万元人

民币的大奖呢？从机制设计上看，这个简单的合约并无缺陷。但问题就出在他付钱之后的几十秒里，他成功地阻止了其他用户付钱。

以太坊的交易速度很慢，因此手续费高的交易就会被优先记录。这位获奖者通过发送大量的高手续费的交易堵塞了以太坊的交易，使得在这几十秒里其他人所有的购买请求都被自动后延，成功地坚持到了游戏的结束，用大概 6000 元的成本，完美地赢得了超过 2200 万人民币的奖金。

除了游戏之外，以太坊上还有去中心化的交易所、在线投票等众多应用，但是使用者寥寥，还处在一个非常初级的阶段。

小　　结

本部分介绍了以太坊的历史和现在以太坊上比较出名的 DApp，主要集中在金融、游戏、赌博等少数的几个方面，而且使用人数最多的一款应用也仅仅不足千人。受限于性能、安全性等众多因素的影响，以太坊还处在一个比较初级的阶段，未来我们可以期待以太坊宁静阶段上线后会给以太坊带来的改变。

空气币： 以暴富为饵的一场收割

先给大家讲过一个故事。有一天笔者在东单打车，当时风尘仆仆还抱着一堆文件，很是狼狈。上车之后，司机便问我知不知道比特币。笔者当时虽然比较诧异，但有种预感这次谈话会很有趣，就和出租车司机开启了一场为时半小时的对话。

在交谈中，出租车司机介绍了比特币涨得多厉害，并科普了国家已经将区块链技术列入"十三五"规划之中。紧接着，又问了下笔者的收入水平，进一步问想不想多挣点钱。

果不其然，司机师傅随后推荐了一种号称某宝的数字货币。这个数字货币有多厉害呢？用司机师傅的话来说，就是控股中东石油公司，国内四大行鼎力支持，可以直接使用该数字货币进行信用卡的还款，有国家领导人背书，并且马上就要在人民大会堂举办会议。目前价格已经涨了30%，要进入就要趁早。

谈到最后，师傅非常热情地把笔者拉到这个数字货币的群里。大概仔细观察了一下群成员的名单，发现群里成员大多都是中老年投资者，鲜有年轻人存在，这个群多数时间都是在宣传这个数字货币的前景和我们在父母辈中经常见到的养生、震惊类的文章，就在我观察的这些天里，还有人在不停地入群，投了大笔钱的人也不在少数。只是不知道，这一场以暴富为饵的收割何时才是终点。

本部分将讲述上一波 ICO 热潮中诞生的空气币。

究竟什么是空气币呢？简单来说，空气币就是没有实际落地项目支撑，以空手套白狼的方式发行的数字货币，并不具有任何实际价值。它唯一落地的只有两项，一项是白皮书，一项是交易所交易。白皮书是为了画饼，上交易所是为了把饼卖出去。至于卖出去之后，就不是项目方的问题了。

那么对于普通的投资者而言，如何从近万种数字货币中区分出空气币呢？其实空气币一般都有以下的特征。

一、白皮书讲故事胜过讲应用

空气币的发行人大多会通过项目白皮书给投资者讲一个尽善尽美的故事，通常定位为某一领域，给投资者描绘出一个刚需性市场的蓝图，并提出运用区块链技术解决市场需求，蹭上"区块链"的热度。很多投资者看到"区块链"的概念就盲目跟投，但是，这些项目能否真正实现落地并不确定。不过，当前市场上无法落地的项目居多。

（一）项目从未启动

这一类项目从一开始就是骗人的幌子，发行人故意夸大项目，通过各种营销手段，一步一步引诱投资者，最终套现跑路。比如，2018年年初，大火的某个娱乐币，声称要使用以太坊智能合约创建一个应用于影视行业的系统，消除隔在制片人和观众之间的分销商链条，同时为观众提供参与影视投资获取高额利润的机会，为影视公司提供融资渠道。在影视行业的高额利润成为普遍认知和众筹模式已经普及的环境下，搭上"区块链"热度的项目完美地吸引了投资者的目光。并且宣布和ETH（以太坊）达成战略合作，在私募阶段可以通过以太币和比特币作为代投币，赚足了币圈眼球。又对外散布合作马来西亚 Superstar Media 创投有限公司，搭上政府资源，成功打破了投资者的怀疑。前期准备一气呵成，动作迅速。2018 年 1 月中旬，正式开始募集资金，参与成本价 2.5 元，实际募得资金 50 亿元。公司公告称会在 1 月 26 日首发数字货币交易平台火币，并陆续上线知名交易所，然而仅于 1 月 27 日上线了香港一个小交易平台，开盘价就只有区区 0.2 元。随后，通过不断鼓吹自身价值，为跑路争取时间。整个过程中，没有任何项目执行，项目白皮书也只有几页苍白的文字描述。公司的官网注册于 1 月 9 日，12 日就开始 ICO，短短三天就搭建了一个虚假网站，没有描述任何团队、技术、研发线路等信息。整个项目从一开始就以通过粗略的包装骗取资金为目的，设计了完整的退出计划，仅 6 周的时间就套现几十亿元。

（二）项目中途搁置

虽然和从未启动的项目不同，这一类项目发行方进行了部分项目，但是由于最终项目没有完成，导致数字货币破发，投资者同样血本无归。比如，2018 年 5 月最新推出的某用于社交娱乐平台的项目，该项目基于区块链技术的全球社交娱乐平台，由知名好莱坞电影制片人和企业家主导发起，核心团队成员来自影视、社交、传媒等领域。凭借着发行团队的豪华背景，项目发行仅 1 个月就成功融资 5.75 亿美元，登上 2018 年全年 ICO 融资榜第四位。根据项目白皮书，计划在一年内推出区块链社交娱乐平台，并作出了详细的发展规划，划分为 4 个阶段，并在 2018 年年底推出成熟版 App。按照规划，项目方 2018 年 7 月底会推出支持 Web、IOS 和 Android 版本的 App，然而当前官网上唯一能够找到的只有 IOS 版本下载入口，且链接报错。由于官方代码尚未开源，公司真实的开发进度无从得知，项目被中途搁置，已经沦为归零币。

（三）项目落地失败

据 Tokendata 一份统计报告，2017 年 ICO 项目合计 902 个，有 46% 已宣告失败，其中 142 个在融资阶段失败，另有 276 个项目在融资后失败。根据统计，2018 年已有超过 1000 个项目失败。其中有一个奇葩案例是青蛙 dog，一个做区块链游戏的项目，这可能是币圈史上第一个老板尚未跑路、开发人员卷款潜逃导致夭折的项目。

二、营销技能出色

空气币的发行人目的是在最短的时间内牟取暴利，因而比起技术进步，他们更注重营销。空气币的发行方喜欢用创始人的背景或已有的甚至虚构的荣誉为项目代言，有些发行方会通过赠币或者直接给予好处的方式拉拢名人为项目站台，充分利用名人效应吸引投资者。2018 年制作噱头最出名的，当属英雄链，一个三无项目竟被营销团队打造成了 2018 年"币圈"的一匹黑马。然而，这匹"黑马"在 1 月 15 日一上线就破发，显然辜负了大家的期望。英雄链名字就非常言简意赅地以一个"链"字，突出了区块链的概念，官方宣称获得柬埔寨政府颁发的牌照，是基于柬埔寨支柱产业博彩业而打造的区块链线上博彩游戏娱乐平台，将遵循世界各地的法律法规，面向全球提供合法的博彩、娱乐底层基本技术服务。项目发行的数字货币 HEC 共计 50 亿枚，并且永不增发。其对外描绘的项目顾问和投资人团队也非常豪华，集政府和商业背景于一体，包括柬埔寨王国警察总署副总监兼保护对外贸易投资商局局长、柬埔寨王国国家银行行长特别助理，甚至私自搭上 HAC 中国顶级跑车俱乐部创始人、AG 亚游集团澳门董事和中网在线控股有限公司董事长等名人的关系网。不过，很快相关人士就出来澄清，否认合作关系。在多方否认合作下，HEC 一路下跌。

三、技术实力约等于零

没有实质性技术进行实现的区块链项目，就是形同虚设。而数字货币的价值以区块链技术高低为依托，这种项目方发行的代币不具有任何价值。这种项目可以区分为两类。

（一）没有技术团队

影视领域可能由于更贴近生活，很容易被发行人盯上，也是空气币出现最多的一个领域。比如某个声称专注于影视领域的区块链应用，和其他空气币相似，致力于让所有人都有机会参与电影投资、制作和发行。然而，空有一个天马行空的想法，项目方根本没有技术团队。官方披露的所谓百度软件工程师，竟然又在同一个官网上被赋予了演员的角色。项目方没有代码、没有区块链技术，甚至连用户社群运营都没有，自从ICO后再无官方消息。就是这样一个三无项目，凭借着微商套路，发一些和名人合影，转述成合作和制造各种虚假噱头的方式，竟然成功套走了投资者几千万元的资金。

（二）技术很难落地或者根本不能落地

有些区块链项目用上了各种尖端技术概念，这种项目一旦达成会是非常了不起的项目，但是大多只是给投资者画了个大饼，让投资者，特别是不懂技术的投资者看起来就觉得非常具有投资价值，但是实际上难以实现，最典型的就是某个将太空概念和区块链结合的项目。该项目声称，拟融合"区块链""太空平台""卫星载体""量子通信"等尖端技术，搭建一个集采集、计算、应用、存储为一体的太空区块链平台。在概念炒作和名人站台下，投资者蜂拥而上，其代币发行当日就场外私募了10亿元人民币，并在交易所公开募集了2亿元。不过，从理性出发，一家公司能够专注于做好这些尖端技术中的一个，就已经很难得，同时融合所有尖端技术，对于大公司来说尚且是个巨大挑战，何况一个初出茅庐的小项目方。果然好景不长，很快就被揭露合作信息及创始团队成员造假的问题，私募投资人列出"十四条罪状"集体维权举报、要求退币。该项目走下神坛，其代币价值已经接近于零。

四、代码不开源

所谓开源，就是对外开放程序源代码，包括比特币、以太坊等主流项目的代码都是开源的。对于区块链项目代币来说，其价格由项目落地情况决定，是项目价值的虚拟货币化，一个不能落地的项目是不具有任何投资价值的。而程序代码充分展示了为项目提供解决方案的技术的进展，投资者可以根据开源代码进度判断项目进展情况。

而空气币，程序代码通常不开源，或者有的根本没有代码可以开源，除了通过官方公告，投资者无法追踪项目技术推进进度。某主打"区块链＋直播"概念的项目，请来某直播平台的 CEO 来做直播。顾问团队都是币圈赫赫有名的大咖。然而，这个号称"世界第一"、阵容豪华的区块链项目，迄今为止官网只有一个 readme 代码库，其中仅一句 Hello World，这也是一般程序员开始学习编程所写的第一行代码，因此，该项目这个命令行也号称史上最贵的 Hello World。

代码未开源并没有影响项目的发行，2017 年 12 月 31 日，该项目完成了全部代币互换，2018 年 1 月 10 日已在七大交易所全部登陆。而后，由于白皮书造假、项目创始人造假等问题，该价格已经接近于零。

小　　结

没有实际落地的项目、技术线路图为支撑、代码未开源且看不到实际进展、过分打造噱头的代币通常都是空气币，要谨慎投资。因此，为保护投资者利益，中国已经全面地禁止了 ICO，对于广大投资者而言，通过买币这种行为去进行投机，最后很有可能会竹篮打水一场空。

区块链的最前沿技术是什么

我们常常可以从各种区块链媒体上听到，区块链技术将引领下一次技术革命的论调。现在距离中本聪发布第一篇区块链论文，已经超过十年了。除了我们之前介绍过的一些主要的技术外，目前区块链的最前沿技术是什么？

一、共识机制

我们都知道，区块链离不开共识机制，许多人认为共识机制是区块链项目的核心，无论是一个区块链项目的交易数据处理能力、激励机制还是可扩展性，共识机制都起到了决定性的作用。如果从项目发展的角度看，中本聪所设计的工作量证明模式无疑是成功的，说是目前为止最好的共识机制也不为过。但也并非全无缺陷，其中的一些隐患也就造成了后来几次比特币硬分叉事件的发生，以及现在矿池算力垄断局面的形成。

技术界有人将 PoW 工作量证明、PoS 权益证明归类为中本聪共识，除了此类共识之外，还发展出了以 PBFT 为代表的 BFT 类共识。

工作量证明和权益证明前文中已经有所介绍，兹不赘述。这里重点讲述 BFT 类共识。

BFT 类共识，也就是拜占庭容错类共识，首先就要知道什么叫拜占庭错误。

这一概念来自拜占庭将军问题，拜占庭是现今土耳其伊斯坦布尔（君士坦丁堡）的旧名，是当时东罗马帝国的首都，由于疆域辽阔，将军与将军之间的通信只能靠信差传递。如何在进攻时达成一致的协议，这就是拜占庭将军问题。

在区块链领域中，这个问题就可以翻译为如何达成共识？

拜占庭类共识主要解决区块链网络中恶意节点和错误信息的鉴别问题，此类共识协议在计算机科学的分布式系统领域已有较多研究，近年来被越来越多地应用于联盟链平台。与此同时，也有越来越多的研究者尝试将 BFT 应用于公链平台。

早期解决拜占庭错误的原始拜占庭容错算法效率不高，直到 PBFT 实用拜占庭容错算法的提出，才把拜占庭问题的解决难度由指数级别降低至能够实际应用的水平。

具体操作方法简单来形容就是，有一个主要的节点，将数据都记录下来，然后发送给其他的节点。其他的节点收到数据后根据自己的程序进行计算，然后将结果发送给其他所有的节点。这样每个节点都会收到很多节点发来的信息，只要超过一定的数量，就会向区块链中添加新的区块。其实如果粗暴一点地来理解，这就是一个相互之间发信息然后互相确认的过程，只要诚信节点数量超过 2/3，就可以实现众多节点之间的共识。

在 PBFT 类共识机制中节点数量是固定的，节点的身份也都是确认的，不能随意变动，因此目前只适用于像联盟链和部分私有链这种节点固定的区块链项目中。

PBFT 类共识节点固定的特性决定了其有时会存在难以扩容的问题，为了解决这一问题，后来又演变出了 DBFT 类共识，这也是一种拜占庭容错类共识。在 DBFT 类共识中，所有节点票选出几个超级节点，这些超级节点参与记账，普通节点只能看到记账过程并没有记账权。

二、公证人机制

之前我们说过，区块链存在的一个问题就是现在有各种各样名目繁杂的"链"，创造了很多"信息孤岛"。那么，当不同的区块链机构之间业务发生交互时，它们如果使用的是不同的链，如何解决链与链之间信息的交互，则成为很大的难题。

目前发展出的公证人机制就是一种用于跨链的方法。公证人机制很好理解，和现实世界的中介类似。对于两个陌生人来说，找一个双方都能信赖的第三方作为中介就可以实现跨链。当然，说到这里有人可能就会问了，你不是说区块链技术去中介化的吗，怎么这里还是要用到中介？这里还是有一点区别的，公证人机制里用的中介并不是传统的中介机构，这一机制里的中介也是一种算法。它并不是一个中心化的节点。它通过算法的形式提供了一个中介，帮助资金在各个区块链之间流动。

三、侧链技术

侧链技术也是一种在不同区块链项目之间进行交互的方式，有侧链就有主链，一般是通过侧链和主链之间的相互交换完成跨链。在最初的时候，主链就是比特币，侧链的诞生主要是为了解决比特币的扩展性问题，虽然比特币扩展性不足，仅能用于支付。但是如果将比特币转移到其他的具备扩展性的链上，就可以增加很多其他的功能了。当然，这种转移并不是真正意义上的转移。打个比方，如果想把 5 个比特币转移到某条侧链，那么那条侧链上就会多出价值 5 个比特币的数字货币，同时这 5 个比特币就会被冻结，直到侧链上的那些数字货币转移回来才会被解冻。

一开始他们采用的是单向锚定的技术，只能从主链上转移比特币到侧链上，不能从侧链上转回去。这样显然很不方便，单向锚定技术出现一年之后，比特币核心开发者提出了双向锚定技术，使得主链侧链之间可以随意相互转移资产。

在实际的操作过程中，因为比特币区块链是最早发展成熟的区块链项目，从比特币区块链上将资产转移到新的区块链项目上，能够很大程度上支持新项目的发展。但是也带来了一种担忧，那就是随着比特币资产流入其他区块链项目，造成这些新兴项目数字货币的价值增长的同时也会稀释比特币的价值。这样的担忧不无道理，由于之前几年以比特币为代表的数字货币价格疯狂地增长，这个问题并没有真正暴露出来。现在数字货币进入熊市之后，侧链技术资产转移会成为影响数字货币币值的一个重要因素。

四、闪电网络

从本质上讲，闪电网络也是一种跨链转移资产的技术，但是侧重点与上面两种技术不太一样。闪电网络主要解决的是比特币区块链网络交易处理速度过慢的问题。比特币区块链的交易处理速度是每秒 7 笔，2018 年"双十一"淘宝数据库的峰值处理速度高达每秒 4200 万笔。可以说比特币的交易处理速度极大地限制了其支付功能的实现。

闪电网络是在区块链外开辟一片领域，进行大量的小额、高频交易，由于不用记载到区块链上，只有最终结算时才会记录在区块上，因此规避了区块链处理速度慢的问题。

为什么是小额、高频交易？因为在区块链外的领域内，需要预存一定的保证金，因此将闪电网络的使用局限在小额、高频的交易领域。否则如果预缴的保证金金额很大，会带来很高的成本。

闪电网络极大地增强了区块链作为支付手段的功能。闪电网络主要使用两种技术，一种是 RSMC 技术，这是一种智能合约，交易双方都预存一部分资金在一个资金池里，在交易时由智能合约对资金池进行修改，并且由双方确认。当需要提现时，将最后的交易结果写入区块链网络中加以确认。另一种是哈希时间锁定技术，这种技术可以理解为通过一系列密码学的手段，给有交易需求的双方提供一个交易的通道。只要双方交易者提供的哈希值也就是密码可以匹配，就能够发生交易。

五、零知识证明

在公有链中，如何在保护交易信息私密性的同时让区块链上的记账节点验证交易的合法性；在联盟链中，如何在保护隐私的同时考虑监管和授权。目前的区块链技术中，是通过零知识证明来解决这些问题。

零知识证明分为交互式和非交互式两种，第一种是指验证方要不断地发送随机试验进行验证，而后者则可以通过预设一个试验序列来完成信息的验证。

举个例子。如果有一个非常复杂的数学题，它有非常多的解。回答提问的人事先提供所有的解，验证方并不全部查阅。而是通过多次随机选择某个答案，去解这个式子，验证这个解是不是真的。如果通过随机选择的答案可以解开这个数学题，我们就可以近似地认为这个人知道所有的解。

但是如果验证方和回答者双方串通，就可以伪造结果。这时候就需要非交互式的零知识证明了。这种零知识证明就是通过预设的程序来代替验证方和回答者的互动，规避掉了作假的可能性。通过这种随机验证答案的方式，解决了在区块链上对交易等信息进行匿名的需求。

六、区块链域名与网关

大家都知道，现在参与区块链项目的话，比如以太坊，我们的钱包地址是我们公钥后面的 20 个字节，想要交易就得提供这 20 个字节，这是非常不方便的，也限制了区块链更广泛、更平民化的应用。这 20 个字节就算是复制粘贴都显得非常麻烦，远不如扫码转账来得快。目前的域名和网关技术，就是用来解决这个易用性问题的。

2017 年以太坊开发了 ENS 技术，用户可以自己申请一个 ENS 域名作为自己的钱包地址。但是传统的互联网是不认可这个地址的，用户没有办法直接从 PC 浏览器上打开。2018 年 8 月以太坊和英国 MMX 公司合作，把技术应用到了 .luxe 域名上，以后就可以在传统互联网上通过 .luxe 域名访问其绑定的钱包了。

网关技术道理是一样的，传统的互联网网站都有一个中心服务器，这个中心服务器宕机了，我们就没法访问其中的网页了。区块链文件系统 IPFS 星际文件传输提供了一种没有中心服务器的网页系统。但是以前想要访问 IPFS 上的内容，传统的互联网是不能直接访问的，需要先下载客户端，把自己的电脑做成节点连接进去。最近有家互联网企业开发了一种新的网关技术，使用户可以直接从浏览器里访问 IPFS。这样就将区块链和传统互联网完美地结合在了一起。

小　结

通过对这些区块链最新的底层技术进行梳理，我们可以发现区块链本身是一系列严谨的密码学和计算机技术的集合。很多人说区块链只是一个分布式数据库，没有任何技术创新；但是实际上区块链技术只是存在的形式接近分布式数据库。从具体的数据记录、技术细节等方面来看，区块链毫无疑问都是一种新的技术。相比于分布式的数据库，区块链更具有深刻改变世界的能力。

产业应用篇

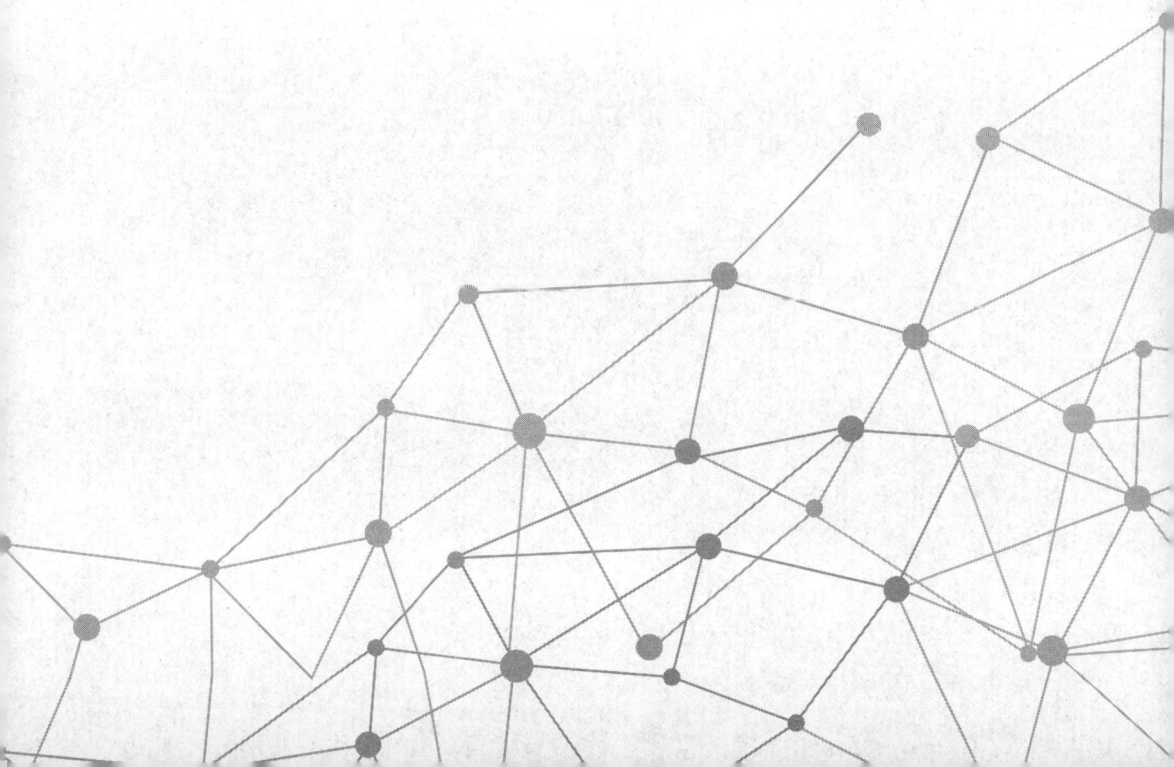

基础协议： 谁会成为区块链领域
"市值万亿" 的苹果

2018 年，苹果公司成为美国史上第一个市值破万亿美元的上市公司。毫无疑问，作为首家市值破万亿美元的公司，是什么撑起了苹果公司如此巨大的市值？是占其收入 60% 的 iPhone 吗？笔者认为 iPhone 卖得再多也只是表象，苹果公司万亿美元市值的背后，离不开 App Store 这样一个连接开发者和使用者的平台。

一、苹果 App Store

早期 iPhone 的使用体验其实并不好，许多用户破解自己的 iPhone 来安装一些第三方软件，苹果推出 App Store 之后，第三方开发者得以在统一的标准下轻松开发各种应用，解决用户需求的难题就部分转嫁到第三方开发者身上，开发者从 App Store 上获得大量客户，优质的 App 又吸引更多的用户选择购买 iPhone。这种良性循环给苹果公司带来了巨大的成功。

目前也有很多人在尝试做区块链行业的苹果，他们想将自己的区块链项目做成一个 App Store 那样的平台，他们并不直接提供应用产品，而是为应用产品的开发提供基础服务。直接卖产品，用户买到产品的时候，销售关系就结束了，而卖一种平台服务，这个平台连接到用户的时候，销售关系才刚刚开始，而且这笔生意可以做很长时间。

二、波场 TRON

区块链诞生于中本聪的比特币，从 2008 年中本聪发表《比特币：一种点对点电子现金系统》以来，国外区块链技术悄然发展起来，直到 2016 年随着比特币大涨，我国才逐渐掀起了区块链热潮。所以，当前市场上大部分知名的区块链基础协议都来源于国外，我国区块链应用大多基于国外的基础协议。波场 TRON 是我国区块链去中心化协议中为数不多的一个成功案例，其代币 TRX 市值已经挤进 Top 10。

TRON 利用区块链与分布式存储技术，搭建了一个突破地域壁垒的自由内容娱乐体系。通过波场基础协议，用户能够自由发布、存储、拥有数据，通过数字资产的发行、流通、交易决定内容的分发、订阅、推送。波场 TRON 已经与包括陪我 App、Obike、GIFTO 和 Uplive 等在内的知名应用合作，平台上应用覆盖范围较广，包括内容版权、娱乐、博彩、数字资产等，其中博彩应用居多，排名前 15 的 DApp 中有 11 个与博彩相关。稳拿宝是平台上为数不多的一款投资应用，基于区块链技术的不可篡改性，稳拿宝的数字货币抵押物避免了资产造假，处置方便。

2018 年 6 月，TRON 推出了类似 EOS 超级节点的超级代表，超级代表颠覆了传统加密货币领域大多数社区的实际控制权，掌握在矿工、创始人开发团队手中的现状，通过赋予代币持有人投票权，一个代币代表一票，由全体代币持有者选举产生超级代表，形成"主权在币"的新格局。TRON 计划每年将 10 亿个代币奖励给超级代表，按照当前 0.14 元一个代币的价格计算，每年超级代表们的收益大概为 1.4 亿元人民币。在超级代表活动推动下，波场再次吸引了大批优质平台，在波场主网做好准备后，平台陆续完成迁移。值得一提的是，隶属于比特大陆旗下的全球领先的挖矿服务平台——蚂蚁矿池，在 2018 年 4 月 15 日正式宣布参选 TRON 超级代表。蚂蚁矿池支持比特币、莱特币等 9 个币种，算力稳居全球前列，其中比特币占有约 16.53% 的算力。

三、国外区块链平台

目前比较有影响力的国外区块链平台主要有以太坊、Corda、Hy-perledger Fabric、EOS 等，以太坊前文已经介绍过，下面重点介绍后三个。

（一）Corda

Corda 是由 R3CEV 推出的一款区块链平台，R3CEV 是一家总部位于纽约的区块链创业公司，其发起的 R3 区块链联盟已经有数十家知名金融机构参与，包括我们耳熟能详的富国银行、美国银行、花旗银行、摩根士丹利等。Corda 这款平台针对的就是这些金融机构，面向银行间交互及银行与其客户之间的交互。各种金融机构可以根据自己的需求在该平台上设计应用。

这些金融机构为什么要参与区块链联盟？举个简单的例子，传统的银行业务里，处理一笔转账，要经过多次核对。如果是从本银行的一个客户向另一个客户发起的转账，本银行要核对这两个账户里的金额。防止发生一方金额没有减少对方却收到了转账，或者一方账上金额减少了对方却没有收到。如果是跨行转账则更加麻烦，需要两个银行都进行检查对账。有时这种对账工作甚至要手工执行，导致效率极低。比如跨国转账，一般都要 5 个工作日。

Corda 主要解决的就是这样一个账户一致性的问题，减少了参与者在交易发生后要为了检查账户一致性而不断进行的对账工作。在 Corda 平台上，由于分布式账本的特性，一笔交易只有交易双方都确认之后，才会被整个区块链平台承认，然后资金会按照交易双方的约定，在双方之间转移。比特币区块链中，由于节点身份未知，一致性的保障需要所有节点都记录交易、共同证明。Corda 在这一点上和比特币不太一样，

Corda 的参与各方都是身份已知的知名金融机构，有其自身信用作为保障，只需保障交易双方的一致性，交易确认效率极高。

目前已经有很多知名金融机构接入了 Corda 平台，早在 2017 年瑞士信贷和荷兰置业银行就开始研究基于 Corda 平台的证券交易项目，2018年 3 月，这两家银行通过 Corda 平台完成了一笔 3000 万美元的证券交易。德国的证券上市及交易平台，德国交易所集团也在 Corda 的技术支持下开始研究更高效的证券结算系统，他们认为 Corda 平台不仅能够帮助其合理化业务流程，还能保障监管透明度。不过到目前为止，他们的区块链证券交易系统还没能真正完成。

（二）Hyperledger Fabric

Hyperledger Fabric 是和 Corda 类似的区块链平台，这两者都是提供开源的区块链程序框架，方便各种用户在平台上设计区块链应用。Corda 主要针对的是金融机构，而 Hyperledger Fabric 则专注于非金融领域。说到 Hyperledger 超级账本可能很多人都听说过，它是 Linux 基金会为了推进区块链数字技术在 2015 年发起的一个开源项目，很多知名的互联网技术公司都是 Hyperledger 的成员，比如 IBM、思科、Intel 等。Hyperledger Fabric 就是 Hyperledger 里孵化的最出名的项目，由 IBM、DAH 和 Block-stream 贡献，现在很多人说到 Hyperledger，实际上就是指的 Hyperledger Fabric。

Fabric 主要有三个特点：第一，Fabric 是开源的，并且提供了统一的技术标准，专业技术人员可以轻松在 Aabric 上设计区块链应用，定义智能合约。第二，Fabric 是许可制的，加盟成员的身份信息可查，这点使得 Fabric 不用太多顾虑恶意节点，如果有成员作恶可以轻易追责。第三，Fabric 上的共识机制是模块化可插拔的，技术人员可以根据自身应用特性设计共识机制，并插入 Fabric 使用。

前两个特点其实与 App Store 很相似，苹果公司给应用开发者一个开源的技术框架，所有开发者都在苹果公司的技术标准下开发应用，既保障了兼容性，又简化了研发过程。App Store 上的作者身份也都经过审查，发布的应用要经过苹果公司审核才能上架，极大地减少了开发者作恶的风险。

Fabric 目前在航运、银行、医疗保健以及食品安全等领域有很多落地的应用。2016 年 11 月底，东京交易所使用 Fabric 测试区块链市场基础设施。2017 年 8 月，全球银行间支付系统 Swift 在 Fabric 平台上测试跨境结算，澳洲新西兰银行集团、巴黎银行、纽约梅隆银行、新加坡发展银行、加拿大皇家银行和富国银行都参与了这次测试，瞬间释放了数十亿美元的休眠资金。2018 年 10 月，欧洲最大的零售商家乐福曾表示，将使用基于 Fabric 平台的区块链技术去追踪鸡肉、鸡蛋和西红柿从农场送到商店的全过程，并将在未来几年在其所有生鲜产品线上部署这种技术。随着时间的推移，Fabric 在世界范围内的影响力还将进一步扩大。

（三）EOS

把 EOS 放在最后说是有原因的，不论是 Fabric 还是 Corda，都是无币区块链，参与者都是专业机构，所涉及的仅仅是应用研发。而 EOS 不仅进行了 ICO，其 ICO 还造成了巨大影响。EOS 的认筹周期近一年，约20 万人参与，总计募集了 720 万个以太币。EOS 到底值不值那么多钱？这一点存在很多争议，支持者认为 EOS 是区块链 3.0，是下一个以太坊，甚至能比以太坊更成功；反对者则认为 EOS 是一个巨大的泡沫，是披着去中心化外衣的中心化项目。

EOS 在诞生之初，其创始人给 EOS 赋予的使命是做区块链行业的操作系统，做真正能够大规模商业化应用的区块链平台。以太坊代表的智能合约被称为区块链 2.0，以太坊采用的 POS/POW 混合共识机制，交易处理速度每秒不到 100 次，而采用 DPOS 委托权益证明共识机制的 EOS每秒交易处理能力可以达到百万级别，这一点是 EOS 能够进行大规模商业化应用的基础，也是 EOS 被称为区块链 3.0 的原因。但是 DOPS 机制下，EOS 的话语权被 21 个超级节点所把控，其中心化程度远高于以太坊，有人甚至认为这实际上就是一个违背区块链信仰的中心化平台。

从技术上看，EOS 确实是比以太坊要先进一些，但是技术上的领先并不足以使 EOS 取代以太坊。这在历史上也是有先例的，现在互联网使用的 TCP/IP 协议，在技术上并不是最先进的，国际标准化组织曾在美国政府的支持下推行过更为先进的 OSI 协议，但最终还是没能取代 TCP/IP 协议。以太坊现在拥有区块链领域最活跃的社群，基于以太坊开发的智能合约也有很多成功案例，EOS 在这两方面较以太坊都有很大差别。目前 EOS 上比较成功的区块链应用，80% 都是博彩类应用。这些博彩类应用，在 2018 年 8 月到 10 月数字货币熊市之下，80 天里创造了 82 亿元人民币的流水。结合 EOS 40 多亿美元的 ICO 规模来看倒是一点都不奇怪，这个平台可以说是把人类对财富的渴望写进了每一行代码里。

小　结

有人说：以太坊是 iPhone，EOS 认为自己是下一代 iPhone。EOS 究竟是不是下一代 iPhone 我不知道，但是我知道 iPhone 如果有一天沦落到前十的应用里有八个都是博彩应用，那一天一定是苹果公司的末日。一个市值万亿的公司，他一定是能够持续满足用户需求的。从这一点上看，Fabric 和 Corda 要更加靠谱。未来或许有一天，我们会用上基于 Corda 的炒股软件，在 Corda 平台上轻松进行跨国转账；或许有一天，我们日常生活中使用的每一件商品，都可以通过 Fabric 平台的区块链应用追根溯源。想想看也算是一件很有意思的事情。

区块链 + 金融： 消失的票据都去哪了

2017 年北京银监局对中国农业银行开出了一张高达 1950 万元的天价罚单，原因正是该行北京分行的票据买入反售业务发生了重大风险事件，涉及 39.15 亿元人民币。这究竟是怎么一回事，我们还是要从银行的买入反售业务聊起。简单来说，这个业务就是你把手里的一些票据例如银行承兑汇票等卖给银行，在约定的时间，用约定的价格再买回来。即可以把它理解为一种质押贷款。

一、重大金融风险事件

那么这个重大金融风险事件是什么呢？就是有人勾结银行内部员工，将银行内已经质押入库的票据拿出来去做买入反售业务，相当于同一张票据质押了两次。多质押那次得到的金钱被犯罪嫌疑人用于投资理财、股票去了。这个案件是怎么爆发的呢？本来犯罪嫌疑人拿去稳健投资，赚一笔收益收手，将票据及时还回银行即可。但他却拿去炒股，产生巨额亏损，结果票据到期了，没钱还，这时候就被抓住了。

这种操作简单，不易被抓的案件发生过很多次，核心问题就在于实物票据被重复质押。有人可能会问，那电子化是不是可以解决这个问题？事实上，无独有偶，连电子票据造假的案例也发生过。就在农行案件发生半年之后，恒丰银行在检查票据的时候发现一批电子票据有问题，以此为序幕，揭开了一个涉及金额超过 10 亿元的电子票据作假案。

原来这是由于城商行不能对接电票系统，需要找国有大行来代开户。某城商行离职员工就钻了这个空子，通过伪造该行的开户资料和印鉴在某国有银行开办了电子票的代理承兑业务。然后自行进行操作，先是开出大额汇票，然后再找银行对这些汇票进行贴现。恒丰银行就是其中一家，所以才有了前文中案发的一幕。

事实证明，不仅有可能票据消失，被人二次贴现，甚至还有可能制造假的电子票据进行贴现。如果不是机缘巧合或者犯罪者过于贪心，这种并非高智商的犯罪被发现的概率极小。

但是现在金融业中存在的问题仅仅是票据这一方面吗？中心化的问题，金融行业中存在很多中介机构，收取了巨额的中介费用。高成本的问题，很多时候为了防范金融风险，需要采取多重审计的手段，管理成本高。假票据的问题，不说承兑汇票这种大家不常见的东西，就单说税务机关花了多少心思在发票防伪上。信息不对称的问题，中小企业信用无法自证，难以获得融资。

二、区块链在金融行业的应用

区块链技术的特点是什么？去中心化、安全性、不可篡改性和透明性。可以说区块链技术的每一个特性都针对了金融行业的一种弊病。正因如此，目前区块链技术的落地应用中，最多的还是区块链和金融行业的结合。

（一）扫码支付

区块链去中心化特性最适用的场景就是支付。网上常说的新四大发明，扫码支付名列其中。扫码支付和一手交钱一手交货的现金支付并不一样，虽然你扫完码之后商家立刻就提示收款到账，但是这中间还经过了支付宝和银行，是存在交易成本的。现在从微信取现超过一定金额需收手续费，这个手续费就是交易成本。如果扫码支付全部在区块链上完成，是不会有交易成本的，理论上的处理速度也比现在要快一些。

目前扫码支付还足够便捷，交易成本也低到几乎不可见，所以区块链技术还没有机会能在这个场景里大展拳脚。但是另外一种支付领域，区块链技术已经开始崭露头角了，这个领域就是跨境支付。

（二）跨境支付

说到跨境支付就不能不提 Swift，这个 Swift 是环球同业银行金融电讯协会，目前跨境支付结算，基本都是通过这个协会的系统进行的。Swift 虽然是一个安全可靠的金融网络，每天处理的银行间结算的金额大约有 5 万亿美元，但是结算速度慢、交易费用高。用 Swift 进行一次跨境支付大约需要 5 个工作日，根据麦肯锡在 2016 年统计的数据，平均每笔跨境支付的成本在 25—35 美元之间。低下的跨境支付效率促使金融机构去寻求新的跨境支付方式。

2016 年，全球五大信用卡品牌之一 Visa 宣布将研发 B2B Connect 项目，优化直付流程，打破传统交易的地理障碍。该平台借助区块链的去中心化，消除行业目前所依赖的中间商，降低交易成本并提高交易效率，利用不可篡改性确保企业之间的交易安全透明。在区块链创业公司 Chain 技术支持下，该平台已经搭建成功，合作方包括美国商业银行、韩国新韩银行、菲律宾联合银行以及新加坡联合海外银行等各国银行机构，开始进行实时交易。

我国的国有银行也在积极尝试区块链跨境支付，2018 年 9 月，中国银行通过区块链跨境支付系统，完成一笔河北雄安与韩国首尔两地间客户的美元国际汇款，这是国内商业银行第一次使用自主研发的区块链平台进行国际汇款业务。银行通过接入区块链跨境支付系统，在区块链平台能够快速完成参与各方之间支付交易信息的可信共享，并在数秒之内完成客户账款的解付，实时查询交易处理状态、追踪资金动态。

（三）票据处理

再回到开头的票据业务汇总，区块链对金融业最大的颠覆就是票据电子化。除了确保票据的真实性外，金融的各子板块、流程经常产生繁多的票据，传统人工金融环境下，票据审核、流转速度非常慢，以贴现为例，大概需要两天时间。但是，在区块链技术下，票据处理可以实现高效的去人工化，极大程度地压缩票据流转周期。由于票据处理在交易环节中的重要性，我国政府积极研究区块链技术下数字票据的革命。2016 年，在中国人民银行总行领导下，票交所会同中国人民银行数字货币研究所研发数字票据的全生命周期登记流转的交易平台，当年 12 月 25 日完成了原型系统研发，在原型系统基础上，2018 年实验性系统正式投入生产环境并成功运行。该平台采用 SDC（Smart Draft Chain，数金链）区块链技术，分设票交所、银行、企业和监控 4 个子系统，实现对票据出票、承兑、背书、贴现、提示付款、赚贴现、承兑及贴现签收、托收清偿等票据流程的全数字化处理及智能监控。这是第一款官方票据处理平台。京东金融也在筹建数字票据项目组，以商业承兑汇票为切入点进行去纸质票据的探索。

（四）供应链金融

金融行业和区块链结合比较好的另一个领域是供应链金融。供应链上的各个企业之间的交易一般都不会采用现金结算，往往是通过银行、采用票据结算的方式。而且一般也不是及时结算的，很多企业的应付账款都会延期支付。行业内的核心企业自然是没有问题，应收账款不仅可以向银行抵押贷款，还可以打包发行债券募资。而上游的中小供应商就没那么好受了，应收票据要么慢慢等到期结算，要么就向银行付出贴息申请贴现。等待票据到期意味着资金占压，申请贴现实际上是一种高成本的融资，不利于上游中小企业的发展，对整个供应链生态也存在不利影响。

利用区块链技术搭建的供应链金融平台则可以解决以上难题。2017年8月，浙商银行上线了国内首款应收链平台，在这个平台上，参与的企业作为付款人可以签发、承兑、支付应收款，作为收款人可以随时使用应收账款向链上的其他企业采购或者进行转让融资，极大地增强了应收账款的流动性，营造了良好的供应链生态圈。这一平台也是国内首次将区块链技术应用在应收账款上。平安集团也着手布局"区块链＋供应链金融"领域。2018年10月，平安集团旗下的金融壹账通正式推出了壹企链智能供应链金融平台，构建智能跨区域服务联盟，服务于境内外贸易。壹企链融合了区块链、大数据、云计算及人工智能等先进科技，通过链接核心大型优质企业与多级上下游、物流仓储、银行等金融机构，穿透传统底层、链接多级信用，实现了下游融资全流程智能风控。互联网巨头腾讯也将腾讯区块链技术延伸到供应链金融，腾讯和"联易融"合作的"微企链"已经和12家银行建立了战略合作关系，服务上链企业71家，覆盖地产、施工、能源、汽车、先进制造、医药等众多行业。

（五）资产证券化

区块链技术在资产证券化方面目前也有很多应用。发行一个资产证券化产品一般涉及的主体很多，产品结构也很复杂，一般不是专业人士都很难理清它的构成，后续的管理事项也很多。这就造成了其存在底层资产真实性水平低、参与各方之间信息不对称性较强、交易流程复杂等问题。导致2008年全球金融危机的美国次级贷款，就是一种资产证券化产品。也正是因为次级贷的复杂、不透明，监管机构才没能及时发现并防范这次风险。

利用区块链技术可以使资产证券化产品更加透明，并有力保障底层资产数据的真实性，帮助融资人实现资产保真，从而增加投资者的信心、降低融资成本。同时，各个参与资产证券化项目的金融机构之间的信息和资金可以通过区块链技术保持实时同步，这就减少了烦琐的对账清算工作。对监管机构而言，资产证券化产品上链也有助于及时掌握核心资产状况、判断产品违约风险，从而有效监控金融杠杆、防范系统性金融风险的发生。

国内第一单以区块链技术支持的资产证券化产品是，佰仟携手百度、华能信托等合作方于 2017 年 5 月联合发行的个人消费汽车租赁债权私募 ABS，发行规模为 4.24 亿元。在这个项目中，通过区块链技术实现对底层资产形成、交易、存续期管理、现金归集等全流程进行实时监督，解决了底层资产质量真实性的问题。

2017 年 9 月，百度还参与发行了百度—长安新生—天风 2017 年第一期资产支持专项计划，发行规模为 4 亿元，底层资产为汽车贷款。在这一项目中，百度组建了联盟链，将底层资产数据存储在联盟链上，百度金融、资产生成方、信托公司、券商等参与方可以在联盟链上共同维护该资产证券化项目中的交易数据，实时了解相关信息。

百度在资产证券化方面主要是作为技术提供方出现，京东则是亲自下场，将京东白条的应收账款打包发行资产证券化产品。2018 年 6 月，京东金融—华泰资管 19 号京东白条应收账款债权资产支持专项计划在深交所发行，发行规模为 5 亿元。京东运用区块链底层技术，建立多方参与的联盟链，实现了底层资产京东白条数据保真、防篡改，并引入校检机制与自动化的流程管理。

（六）税务发票

我国政府参与的区块链应用落地的主要是在税务方面。我们都有在公司报销的经历，不谈别的，光那一堆发票整理起来就很麻烦，还生怕丢了报销不了；公司也担心有人拿着不该报销的发票来薅公司的羊毛。最近百度就因为员工虚开打车发票，一次性开除了 55 个人。

2018 年 8 月，区块链技术在发票上的应用才真正落地。8 月 10 日，腾讯和国家税务总局合作，在深圳开出了第一张区块链电子发票。在使用微信支付时选择开发票，这一笔交易信息会通过区块链技术，同步到商家、公司、税务局的系统中，可以实现自助申请开票、一键报销，并在线上拿到报销款，报销状态实时可查。这样一来，以后报销就可以省去许多麻烦了。目前区块链发票仅仅是在深圳小范围试点，在全国范围内大规模使用可能需要有一段时间。

小　　结

从区块链技术在金融行业的各种落地应用上来看，在跨境支付、供应链金融、资产证券化、发票等票据方面，区块链技术都能带来很多良性的改变。区块链技术带来了效率的提高、安全性的保障。虽然大家感受不深，但是它实际上是从金融底层运行的机制上改变着金融行业，未来如何，我们拭目以待。

区块链＋贸易： 停留在纸质的时代将会如何改变

没有做过进出口贸易的人，绝对想不到这个流程有多么烦琐，相比于国内市场的"一手交钱，一手交货"，进出口贸易不仅需要经过两道海关、外汇管理局、两地银行等多个部门，在这些流程中还会产生商业票据、政府单据、报关单据、结算单据，检验单据等数十种票据。虽然近些年电子化流程有所推广，但这也仅限于各个部门内部。部门之间的数据仍然是信息的孤岛，比如涉及出口退税的企业，还需要拿着纸质的报关单去税务部门办理退税，这又涉及纸质文件的勘验等问题，无形间提高了整个贸易流程中的时间成本。

不仅仅是中国面临这个问题，各个国家的进出口贸易都面临这个问题。尤其是发达国家的海关，更是进出口贸易中一座难以逾越的大山。根据世界贸易组织数据，2017 年世界货物贸易进出口总额达 35 万亿美元，较 2016 年增长 11%；世界商品贸易总量增长 4.7%，平均每分钟就有 7.145 亿美元跨境贸易达成。

在 21 世纪，进出口贸易依然停留在纸质票据、人工审核的时代。以大豆出口为例，大豆出口商在与企业签订正式的进出口合同后，如果是信用证付款，那比普通交易还多了一道向银行申请信用证的流程。然后就是选择货运代理商办理国际货运。再然后就进入最为烦琐的报关环节。出口商需要将所有的材料交由具有报关资格的三方机构申报通关，成功通关后，就进入运输环节，交易成功后，涉及出口退税的部分，出口商再拿着报关单以相关文件向税务部门申报退税。

经过这样一套烦琐的贸易流程，在不考虑运输及备货生产时间下，单数据及交易处理，通常需要 15 天。也就是说，会拖长一个出口公司至少 15 天应收账款周转期。这意味着，一家出口贸易公司一年至少 4% 的收入浪费在交易流程处理上。

那么区块链技术给国际贸易带来了哪些改变？

一、智能合约的出现提高了订单签订效率，降低了合同签订成本

随着互联网技术的发展，电子合约已经不再罕见。但是，我们现在所见到的电子合约大多是像自如租房、蚂蚁花呗借贷等格式化条款。真正应用于商业上的电子合约非常少见，即便是有，也只是将传统纸质合约的电子化，仍需要通过担保、审计、核验等人工参与环节，并不是我们所说的基于区块链的智能合约。借助区块链技术的不可篡改性，智能合约的出现改变了传统交易的合同订立方式，避免了合同篡改的纠纷。合同在交易双方都是透明的，只有在双方条件触发共识合约才会开始生效执行。比如在进口商收到货物后向出口商付款，只有在平台物流显示收货方签收后，才能触发下一步程序，也就是银行汇款结算程序，解决了交易双方的信任问题，交易双方不用担心合同执行中可能出现的违约问题，免去了传统的第三方担保等人工参与环节，极大地提升了合同签订效率、降低了签订成本。智能合约的应用非常多，是目前区块链应用最为成熟的领域之一。

Enerchain 就是一个贸易智能合约平台，能实现点对点的订单预订，从交易执行到清算的实时无缝处理。平台极大地降低了交易成本，为小规模公司进入创造了可能。值得一提的是，该平台支持交易人员匿名操作。

二、贸易融资流程自动化，现金流速加快

国际上比较常用的有 TT 付款、直接付款和信用证付款三种方式。TT 付款是进口商直接将货款以外汇现金的方式汇至出口商指定的银行账户内。直接付款是买卖双方直接交货付款，进口商见货付款。TT 付款和直接付款两种付款方式操作简单，但交易风险较高。相比之下，有银行信用作为保障的信用证付款风险更低，也是国际上最为常见的付款方式，但是在传统的线下操作中，信用证付款从申请、审核到最终执行的过程烦琐，耗时较长，结算效率低，拖长了供货商的回款周期。而基于区块链技术搭建的贸易融资平台，将传统的信用证申请上线，通过将信用证电子化，实现了系统智能识别审核，使跨境融资流程自动化，提升了银行和客户效率，并压缩了回款周期。

2017 年 10 月，IBM 与多个国家的银行机构合作开发的 Batavia 就是一款区块链贸易融资平台。2018 年 5 月，汇丰银行宣布，与荷兰国际利用 R3 的分布式账本平台 Corda，成功为食品和农业巨头嘉吉集团（Cargill）的一笔从阿根廷出口到马来西亚的大豆货物交易提供了信用证。2017 年 2 月，R3 与贸易融资技术供应商 TradeIX 联合一些主要银行合作开发的 Marco Polo 贸易融资平台进入试点阶段。各国银行正陆续尝试搭建区块链贸易融资平台。

三、数字票据系统建成，交付流程实现数字化

区块链对国际贸易最大的颠覆，就是确保了电子票据不会失真和实现了智能审核。国际贸易中涉及外汇管理局、银行、商检局、海关等众多机构，需要开具及审核的票证繁多，票证的审核速度决定了整个贸易流程的周期长短。任何一张票据造假、篡改都将影响整个贸易环节，对其中一方造成损失。传统的方式审核速度非常慢，拖累整个贸易周期。

而在基于区块链技术的数字票据体系建成后，借助于区块链技术的去中心化，使票据免受第三方干扰，不可篡改性又避免了票据失真，降低了审核的难度。只要票据齐全，达到所要求的格式化条件，就可以顺利进行下一步流程，完全可以通过系统程序化处理，提升了交付效率。由于票据处理对交易的重要性，这一领域的区块链革新也成为我国政府率先投入研究的领域。

四、国际贸易结算提速，清算风险降低

互联网支付打破了远程支付的距离障碍，区块链技术再次带来了贸易结算的革命。我们之前说过，传统的跨境结算需要基于 Swift 系统，汇率转换大概需要 3%—5% 的手续费，且结算时间非常长。但是基于区块链技术，去中心化的交易结算降低了结算的手续费，同时流程更趋扁平化使结算效率得到提高。VISA、Swift、巴克莱银行等跨境结算产业链公司都在积极布局区块链支付。

英国巴克莱银行于 2016 年 9 月率先利用区块链技术，完成了爱尔兰农场对 Seychelles Trading Company 出口芝士和黄油的交易结算，这是全球首笔利用区块链技术的跨境贸易结算。借助区块链记账和交易处理系统，这次跨境结算用时仅不到 4 个小时。BTL 的 Interbit 是一款基于区块链技术的能源交易平台，这一平台通过实时交易清算，高效降低了交易清算风险。2017 年 6 月，意大利埃尼集团、英国石油公司和维也纳能源公司与 BTL 集团通过合作制定的天然气贸易方案对该平台进行了为期 12 周的试运行。

当然，区块链技术给国际贸易带来的颠覆不只智能合约、融资智能化、票证数字化和结算提速四个方面，还改变了保险流程等环节。航运公司马士基集团利用安永公司基于微软云服务 Azure 开发的平台嵌入海上保险合同，大幅降低了保险成本。未来，随着区块链技术的不断发展，

现有的已经应用区块链技术的贸易流程领域将不断升级，还未实现区块链技术的细节领域也将逐渐上链，彻底实现全流程完善化的链上操作。

目前，已经有很多国际贸易通过区块链技术完成。比如，英国石油公司联合意大利埃尼集团等开展的区块链天然气交易。2017年中石化就利用区块链技术的数字提单和智能合约，完成了从中东进口原油的跨境贸易，这是我国第一单区块链原油进口业务。相较于传统的原油贸易方式，此次交易降低了20%—30%的融资成本，并提高了交易执行效率。2018年，中石化下属子公司中化能源科技完成了从泉州出口汽油至新加坡的跨境贸易。

最为瞩目的要数2017年在荷兰银行、荷兰国际银行和法国兴业银行的支持下完成的大豆交易。2018年，全球粮食巨头路易达孚和山东渤海集团的大豆交易基于区块链技术实现了全数字化，交易全流程在 Easy Trading Connect（ETC）平台完成。双方通过 ETC 平台在线上达成了购买协议并签订了进出口合同，随后买方渤海集团申请信用证，银行基于区块链技术检查并发放信用证。代理商在平台上发布装货单、产品质量证书等相关文件，相较于传统的线下流程速度更快，同时全程透明化降低了诈骗风险。银行收到代理商提供的电子化文档，平台能够自动检测匹配系统检查信用证条款并突出差异部分，智能化处理加快了信用证审核速度，银行能够更快地执行信用证。信用证检测无异常，银行将资金自动划入卖方路易达孚账户，压缩了卖方的回款周期。基于 ETC 平台，路易达孚和渤海集团的大豆交易文件及数据处理时间由原来的11—14天降低到96小时，流程速度提高了近5倍，实现了运作流程实时监控。

小　　结

总结一下，其实我们可以发现，部门内部的电子化流程是互联网时代的进步。但是各部门之间如何确保信息交换的准确以及真实，这就是区块链非常适合应用的领域，区块链非常适用于各部门之间的信息共享。为什么说区块链一定会在国际贸易领域内发挥重要的作用？就像我们之前说的一样，它将所有的听众聚集到一个会议室里，然后让所有人共同对交易进行见证，这节省了原先存在的信任成本。

很多人经常问，区块链是怎么改变世界的？区块链就是通过一点一点从细微处，消除掉每个领域内的信任成本，提高各个领域效率，通过这些来改变世界的。

区块链 + 娱乐： 盗版的落幕

追求享乐本就是人类的天性，所以才有娱乐业。但我们在日常生活中消遣娱乐之时，往往并不是那么舒心：在网上看视频要忍受数十秒无关紧要的广告；搜索引擎里搜件商品，之后几乎所有页面都会出现相关广告；出去看演唱会，要给票务公司、黄牛平台贡献不少利润。被很多人看作是技术革命的区块链技术，能不能给我们的日常娱乐带来那么一点点变化呢？本部分将讲述目前区块链技术在娱乐行业的一些实践。

一、游戏

从过去信息技术对人们生活的影响来看，一项革命性技术的普及，离不开所谓"杀手级应用"。娱乐应用曝光率高、参与门槛低、扩散性强，解决了用户长时间、高活跃、高留存的问题，因此那些代表着风口方向的"杀手级应用"多是娱乐应用。这种"杀手级应用"放在互联网时代就是"偷菜""抢车位"这种大众娱乐产品；对智能手机而言就是神庙逃亡、水果忍者；对网络游戏就是征途的免费网游模式。区块链技术如果真的是下一次颠覆性的技术革新，那么势必会产生一款利润空间极大的杀手级娱乐应用，在 2017 年年底 2018 年年初的时候，确实是有那么一批应用有引领潮流的趋势，其中最具代表性的就是区块链养猫游戏云养猫。我们之前介绍过，游戏推出后仅仅一周，玩家在上面就花了价值差不多有 1000 万人民币的以太坊。这个游戏最火热的时候造成的网络拥堵，甚至让以太坊不堪重负。后来国内互联网巨头纷纷效法，网易的招财猫和网易星球、百度的莱茨狗，还有一些卡牌、放置、经营类的区块链小游戏。

二、社交媒体

那么，为什么娱乐应用就是游戏，那社交媒体不也算娱乐应用吗？

社交媒体确实也具有能够称为杀手级应用的潜质，比如移动互联网时代的弄潮儿微信和微博。腾讯在桌面端的霸主产品QQ没能完全成功移植到移动端，旗下却出现另一个产品——微信引领了时代潮流；微博曾经一度式微，却因其契合移动互联网时代的发展方向而重获新生。那么区块链能不能应用在社交媒体上呢？在这方面已经有人开始积极地进行尝试，2014年的时候就出现了区块链社交媒体平台NEOS，旨在建立一个庞大的内容社区，为创意创造提供激励。但是该平台并没有产生太大的影响力，直到2016年，Steemit的诞生才真正打开了区块链内容平台的大门。

Steemit是一个去中心化的社交网络博客平台，该平台得到了steem链的支持。用户上传的所有内容都会被记录在链，借助区块链的不可篡改性，这些内容永远不可能被修改。Steemit平台还建立了一套货币体系来吸引用户参与，整个生态社区内的内容分享者和阅读者都能够获得Token激励。目前该平台市值已达18亿元，在国外已经形成了一定的影响力，日访问量在100万人次左右；但是与Facebook动辄数亿人次的日访问量相比，还有不小的差距。以太坊上也有一个去中心化推特的项目叫peepEth，在这一平台上，用户的微博会被永久保存在以太坊公共区块链中，无法进行篡改，但是很遗憾，peepEth并没有能形成太大的影响力。随着区块链热被掀起，这一类的平台也爆发式增长，Yoyow、Primas、币乎等陆续出现，但这些去中心化的社交平台基本都处在萌芽状态，多少也还是有一点长成参天大树的潜质，未来如何，还有待进一步观察。

三、视频

视频作为大众日常休闲的选择之一，也是区块链娱乐的重要领地。steem 支持的另一个区块链社交媒体项目 dtube，从名字上就剑指 YouTube，是一个搭建在区块链上的 YouTube 平台。与 YouTube 不同的是，dtube 打破了传统的地域限制，即便在中国大陆也不用翻墙观看视频了。在 dtube 上传的视频文件会通过 Inter Planetary File System（IPFS）协议进行存储，视频的上传者能够获得代币奖励，相比于传统上传文件的平台币奖励，代币这种可兑现的奖励更实在。有了观众打赏作为收入支撑，dtube 上的视频不需要再靠网站广告创收，观众可以体验免广告视频。不过，为了抵补支付给 steem 的 0.044 美元/千兆·月的文件存储成本，作者奖励的 1/4 会被收缴，其中的 10% 用于支付文件的存储费用。并且，视频文件的活跃期大概为 57 个月，超过这个时间观看或下载种子文件就需要支付费用了。

四、版权保护

说到这种视频分享平台，不得不提的就是版权保护问题。YouTube上经常会有用户上传一些所谓"枪版"的视频，侵犯了创造者的利益。不过，区块链技术可以解决这一问题。授权费是艺术创作者收入的一个重要的组成部分，传统的版权保护登记成本过高、周期很长，很多个人创作者因此放弃登记版权。区块链的确权则要容易许多，只需要完成上传文件、确定作者、填写相关登记信息等简单操作即可。根据区块链版权创业公司纸贵科技的介绍，链上生成的版权登记证书拥有唯一且可追溯的定权哈希和符合《电子签名法》的时间戳，一旦完成存证即可联网查询版权登记信息，且永久有效，无法篡改。整个存证过程最快可以在

15 分钟之内完成，且无费用成本，完全适用于互联网场景下的版权保护。Blockai 就是一个版权保护平台。在 Blockai 上，创造者将自己的作品上传在链进行加密，作品上传到网站上后，发布者会收到一份版权证书，并加盖作品的时间戳永久记录作品的创作时间。一旦有作品注册，Blockai 就会自动搜索网络匹配的作品以识别是否侵权，若发现侵权的行为，平台会采取措施治理违规行为。除了版权保护平台，还有像 Singu-larX 这一类的版权交易平台，简化了版权的核查步骤，在去中心化下，艺术家能直接管理、跟踪并销售他们的创造品。

不过，区块链版权存证存在一个版权法律效力的问题。链上实现的版权确认必须要和版权管理部门的数据库同步才行。虽然之前北京和杭州的互联网法院在审理案件时，都有认可区块链版权存证法律效力的事件，但是区块链版权存证的法律效力还是不如版权局的认证。比如一方拥有区块链版权存证，另一方无任何证明，那么区块链版权存证当然有效力；而如果一方有区块链版权存证，另一方有版权局登记的版权证书，那么还是后者更具有效力。从这个角度看，区块链版权存证并不具有比其他版权证书以外的证据更强的法律效力。

未来如果区块链的数据库与版权管理部门同步，那么它就成了一个接通管理部门的版权数据库。仅将区块链版权存证当作一个版权数据库来使用，确实是有不可篡改、分布式存储等区块链技术特有的便利，并且能够相对便捷地在网络上追踪侵权行为，但是现在已经有功能类似的数据库存在了，区块链版权存证还有很长的路要走。

五、广告

视频娱乐的另一个问题就是插播广告。广告不仅占用了我们宝贵的休憩时间、给我们造成了不必要的购买需求，有时还有一些诈骗广告觊觎我们的财富。然而广告又实实在在是很多内容创作者赖以生存的重要创收手段，没有广告收入的激励，有趣的艺术创作会少很多。区块链技术则会帮我们解决这一问题。

区块链对于广告业的重构，首先就是能转变受众和广告之间的关系。原本受众只是作为一个被动的接收者存在，既不能选择看或者不看广告、看什么样的广告，也不能从观看广告这件事情上获得任何经济利益。区块链技术搭建的去中心化的广告系统，可以实现流量监测和奖励分发，用户可以通过授权使用个人数据、观看广告等行为获取奖励，根据算法识别用户喜好投放广告，同时还能够完成对欺诈广告的监管。例如2017年的 Basic Attention Token 项目，通过其开发的 brave 浏览器开展去中心化的广告投放业务。用户的信息受到零知识证明加密，用户在 brave 上看广告时会得到该项目发放的代币作为奖励。商家购买代币来投放广告，这样就形成了用户、平台、商家三方共赢的局面。另一个例子是小米，2018 年 9 月小米携手知名乳业品牌安佳开展区块链广告"桥计划"，运用区块链技术完成了链上数据交换、进行了区块链数据驱动的品牌广告投放与广告数据的链上追踪。据当时的宣传称，这是全球首个全程应用区块链技术的数字广告投放项目。

六、直播

这两年，比视频更火的非短视频和直播莫属了。在这个直播平台泛滥、全民争当网红的时代，创造了一夜暴富的奇迹。很多人靠直播游戏起家，获取了一大批铁杆粉丝，还成功进军演艺圈。当然大多数主播每天贡献大量时间直播，最终收入却稍显微薄。平台方在整个产业链上下游之间拥有绝对的话语权：粉丝给主播的打赏，平台要收取很大一部分抽成；广告主在平台上投放的广告，也很可能会遇到平台粉饰点击数据、难以获知真实的广告投放效果的问题。

区块链技术可以解决这些问题，重构直播行业内的利益关系。国内有人在尝试做区块链直播平台，项目名称叫 InseeNetwork，号称要建立全球最大的视觉协同网络，但雷声大雨点小，至今未见落地。国外有个已经落地的区块链直播平台 youlive，该平台以社区化自治的方式实现实时内容分享，支持社交圈子的建立。用区块链技术进行利益分发，相比传统的平台一家独大的局面要健康许多。

七、明星发币

作为娱乐行业最受人关注的群体，明星与区块链这个炙手可热的概念之间擦出的火花也格外明亮。韩国娱乐业发达，区块链技术发展也相对比较快，基于明星经济，发展了很多 ICO 项目，但大部分都避免不了沦为空气币的结局。在中国，很多项目号称外国项目，但是深入研究就可以发现，这个项目的团队成员基本全是中国人，各种与明星的合作基本也都是虚假宣传，整个项目上最实在的就是它空气币的身份了。就连国内最火的团体也被不良区块链开发者盯上了，比如 2018 年 2 月发布的 TFBOYS 饭票最终也被证实未经授权。

小　　结

上文从游戏、去中心化的社交媒体平台、视频、版权保护、广告、直播、明星发币七个方面介绍了一下区块链技术目前和娱乐相结合的情况。总的来说区块链想要重构产业、带来颠覆性的变化，可能还需要一些时间。

区块链＋医疗： 未来医疗新模式

人生在世，生老病死，总是免不了要和医生打交道。近年来医患关系一直是政府和大众关注的重点，医疗领域也时不时发生一些引人注目的重大事件。对于目前医疗行业存在的各种各样的问题，区块链技术有没有解决之道呢？本部分将讲述区块链技术在医疗行业的应用。

一、药品安全

在刚刚过去的 2018 年，医疗领域影响最重大的，毫无疑问是长生生物假疫苗事件。假狂犬病疫苗经过长生生物庞大的销售网络发往全国各地，最终注射进一个个无辜孩子的体内，无异于谋财害命。这次疫苗事件也促成我国加快在疫苗管理方面的立法，2018 年 11 月《疫苗管理法（征求意见稿）》发布，对疫苗研制、生产、流通、预防接种全过程，明确落实各方责任。2019 年开年，疫苗之王余波未平，江苏金湖又出现疫苗过期事件，疫苗管理问题再一次引发社会的广泛关注。

为什么关乎百姓生命健康安全的药品安全一而再、再而三地出现问题？药品管理的难点在于生产环节记录造假和流通环节信息封闭，生产环节记录造假是长生生物假疫苗事件发生的主要原因之一，流通环节信息封闭则在一定程度上造成了金湖过期疫苗事件。

过去我们为了解决药品监督管理的问题，已经搭建了中心化的药品信息管理数据库，所有药品的相关信息在监管部门的数据库里都有备案。

中心化的数据管理主要有两点问题，一是成本问题，各地每天都会产生大量的药品数据，光是记录这些数据就需要花费不少人力、物力，如果要在及时记录的基础上再实现数据的实时查询访问，需要的服务器成本也是个天文数字。因此传统的药品管理体系透明度较低，患者又没有相关专业知识来判断药品的好坏，只能靠价格来进行选择。在长生生物事件中，很多家长给自己的孩子打最贵的疫苗，谁能想到最贵的疫苗，就偏偏是长生生物出产的假疫苗。二是完整性的问题，中心化的数据管理一般能够实现对药品源头的把控，但往往不能控制整个链条。在金湖疫苗事件中，出现问题的疫苗由国家免费提供，不存在利益瓜葛，完全就是基层管理混乱造成的。

因此，大众需要一个从源头生产到物流运输再到医院、药房存储每个环节都能确保安全透明的新的药品管理体系。区块链的去中心化、不可篡改和可追溯性，恰好能比较便捷地解决这一问题。医药企业使用区块链技术，将药品从原材料采购开始的每一个环节都记录在公开透明的公共区块链账本里，医院、药房的管理者根据区块链账本里记录的药品信息对药品进行管理，患者和家属则可以在购买使用药品时查询该药品的生产时间、保存状况等关键信息。这样就从根源上弥补了药品生产管理流程中的种种不足。

国内外对于区块链技术在药品管理上的探索都取得了不少成果。美国食品药品管理局 FDA 早在 2017 年 3 月就开始用区块链进行处方药追溯。同年 6 月京东利用区块链、物联网、大数据等技术建成"区块链防伪追溯平台"，并通过与政府、行业协会、科研机构、设备制造商的合作，共同打造"京东品质溯源防伪联盟"。2017 年 9 月，国外制药巨头基因泰克和辉瑞推出了区块链药品追踪的试点项目 MediLedger 并取得了成功。

二、医疗信息安全

医疗行业存在的另一个问题是信息泄露。各个领域都存在信息泄露的问题，访问记录被各种网站偷偷记录、报名信息被窃取、银行卡信息被泄露等事件时有发生，但是我们主观上常常不把它当回事。访问记录泄露不过是页面上被算法分配一些小广告；电话号码泄露最多也就是接到一些推销电话、收到一些垃圾短信；银行卡信息泄露要严重一些，可能会收到一些诈骗电话。而医疗信息泄露，造成的危害远比其他个人信息泄露要大。据报道，互联网灰色产业中，医疗信息的价格是信用卡信息价格的 50 多倍，因为医疗信息中不仅有患者的个人基本信息，还有财务信息、健康信息等关键信息，很容易被利用来进行针对性诈骗。2016 年 7 月，我国有 30 多个省、自治区、直辖市 275 名艾滋病患者的信息遭泄露，部分患者接到了欺骗、敲诈的电话，生活受到严重影响。2017 年 9 月 13 日，《法制日报》报道了一起特大侵犯公民个人信息的案件，有涉及 7 亿条个人信息遭泄露，8000 余万条信息遭到贩卖。有的产妇在孩子刚出生不久就不断有婴幼儿保健品广告电话打来，不堪其扰。最严重的是有些重病患者，收到一些定向销售保健品的电话，在急切的求救心态下，很容易上当。那些号称包治百病的保健品价格昂贵，不仅会使患者浪费大量金钱，还很可能使患者因此错失宝贵的治疗时间。

基础医疗信息平台的建设一个重要目的是提高个人对个体健康数据的使用，开放是信息存储机构的发展趋势。国家卫生健康委员会卫生与信息规划司在 2018 年 7 月发布的《关于深入开展"互联网＋医疗健康"便民惠民活动的通知》中就要求健康信息服务更普及，推动居民电子健康档案在线查询和规范使用。将居民的健康状况信息化存储是推行普惠医疗的一项重要工作，但是同时也增加了医疗信息安全的风险。

（一）医疗信息上链的作用

首先，区块链的不可篡改、可追溯的特性，可以实现对医疗信息完整性的保障。中心化的数据存储系统往往会因为被黑客攻击而丢失数据，而去中心化的区块链医疗信息管理系统则没有这方面的顾虑。另外，区块链技术将所有对医疗信息数据的操作都记录下来，这样也就降低了人为泄露医疗信息的风险。一般来说，医疗信息的泄露常常是内鬼作祟。2017 年 2 月，上海疾控中心、黄浦区疾控中心两名工作人员窃取 20 万条新生婴儿信息，并贩卖给婴幼儿保健品经营企业。如果能够对实时数据活动进行监控，投鼠忌器之下，犯罪分子顶风作案的概率可以降到最低。

其次，区块链技术多方共同维护同一个数据库，可以保证信息的准确性。在"十二五"期间，原国家卫生和计划生育委员会提出了"36312"工程，大力推进建设区域信息平台。区域信息平台分为国家级、省级和地市级三级。在各级平台之间，信息的传输需要经过对账程序，防止不同平台备份的数据互相矛盾。如果这个平台可以采用区块链技术，在区块链技术的支持下，各个信息平台之间可以获得协同效应，通过共识机制实现对数据变更的记录，更高效地确保数据的准确性。

最后，区块链技术能够保护用户信息的隐私。在中本聪最初设计比特币区块链的机制时，就假设了恶意节点的存在。任意非授权节点获取的信息，没有授权私钥进行解密的话，这些信息就只是一段没有任何意义的代码。通过区块链技术存储的医疗信息，和比特币区块链一样，存储和使用分离，安全性是可以保障的。存储是所有链上节点共同完成，并对敏感信息进行非对称加密，而访问和使用这些信息需要经过用户本人授权。另外，通过智能合约可以设置一定的规则对数据进行访问，比如医生可以访问哪些信息、护士可以访问哪些信息、药房又能访问哪些信息，诸如此类。

（二）区块链在医疗信息安全上的应用

早在 2016 年就有相关机构尝试使用区块链技术保护医疗信息技术安全。2016 年，爱沙尼亚电子健康基金会启动了一个开发项目，旨在使用区块链技术在存档相关活动日志中保护患者健康记录。他们使用区块链作为额外的安全层，以帮助用户确保健康记录的完整性。方案由数据安全公司 Guardtime 提供，利用区块链技术为 100 多万名患者的医疗记录提供安全的信息保障服务。同年 10 月，河北廊坊区域卫生信息平台和云巢智联合作，利用区块链技术的解决方案，将一些摘要信息、事件索引放在链上，然后通过索引，被授权的用户才能访问到廊坊市区域卫生信息平台的数据库。这个项目在 2018 年上半年媒体报道时已经处于概念验证阶段，当时预计该项目将于 2018 年年末落地，目前进展如何不得而知。

不论是药品安全还是医疗信息安全，都是性命攸关的事情，因此我们把区块链技术在这两方面的应用放在前面讲。最后，我们再来说一说区块链技术在解决医疗信息传输不畅方面的应用。

三、医疗信息传输

有的时候我们可能会有转院的需求，转院后新的医生仅能通过薄薄的一本病例来获知患者在上一个医院的诊治信息。另外，在我们进行医疗保险理赔的时候，需要我们自己按照保险公司的理赔要求，准备好相关的材料从医院带到保险公司去。医院、患者、保险公司形成了一个个"信息孤岛"，通过区块链技术，可以实现这些孤岛信息的安全互通。2017 年 8 月，阿里健康与常州市合作，成功落地了区块链医联体项目，在阿里健康的技术支持下，常州市各个三甲医院、区县医院和社区卫生院的信息上链，将原本旧的 IT 设备和系统通过区块链技术连接在一起，成功打通了"信息孤岛"。以分级就诊为例，居民在附近的卫生院体检，体检报告上传到区块链上，这些患者里大部分可以在社区卫生院就诊，小部分需要转诊的患者由社区卫生院通过区块链实现对上级医院的授权和数据传输，上级医院医生在得到授权之后可以迅速了解患者的医疗信息，这样就避免了重复检查，患者可以享受"一站式"的全流程服务，医疗资源也得以节省。

小　　结

我们可以看到，医疗领域和区块链的结合确确实实能给我们带来实际的好处，这一点是值得肯定的。目前区块链技术在医疗方面的应用还处在小范围试点的状态，想要大规模推广还需要依靠政府的作用，但是毫无疑问这方面是区块链应用落地的一个非常重要的方向。

区块链 + 共享经济： 对杀熟说 "NO"！

2018 年，共享经济给我们制造了太多热点，从滴滴顺风车整改，到 ofo 总部退押金的百米长队，共享经济这个前些年创新创业风口浪尖的弄潮儿，如今却负面新闻缠身。现在的共享经济究竟存在哪些问题，区块链又能给这个行业带来什么呢？

一、共享经济的概念

共享经济指的是通过将自己闲置的资源共享给他人来创造价值。随着我国改革开放 40 年以来经济的腾飞，人民消费水平在不断提升，闲置的资源规模在不断扩大。我们常常会遇到，一件东西"长草"很久，买来却一直"吃灰"的情况。吃灰的宝贝舍不得转让出去，一直放着不用又很可惜，共享经济的生存空间就在这里，让闲置资源也能创造价值。比如你一个人开车出远门，空座上是不是可以载两个人分担下油费路费；又比如你买了一个大疆无人机，平时不用的时候把它租给别人，分担一些设备成本。在共享经济下，每个人即是分享者也是消费者，在消费他人分享的闲置资源的同时，自己也能够通过分享自己的闲置资源来获利。实现这一点的核心就在于信用，如何确保闲置资源共享时的交易安全？共享经济的本质是使用权的暂时性让渡，如何能保证资源在使用权暂时让渡之后还能稳妥地回到我们手里？

传统的共享经济解决方法是通过一个中心化的平台来促成闲置资源

共享的实现，正因如此，在2015—2016年的共享经济风口下崛起了一批共享经济平台，如共享单车 ofo、共享汽车滴滴、共享房间 Airbnb 等等。现在这些独角兽动辄数百亿美元的估值，已经足以凸显共享经济巨大的社会价值。平台方为参与各方提供信用支持，并撮合闲置资源的交易。如果你对前文的内容还有印象的话，你会发现这种中心化机制恰恰就是区块链技术要去颠覆的。

下面我们以滴滴打车为例，看看中心化的共享经济平台运行中的问题，以及区块链技术的对策。

二、共享经济平台运行的问题

首先，中心化的平台运营成本高，这部分成本转嫁给用户之后导致用户参与共享经济的成本过高。滴滴打车平台方通过提供乘客和司机撮合服务对每单的抽取超过20%的费用。而在区块链技术下，这种高额的中心化平台抽成完全能够避免，交易点对点直接进行，绕开了中心化的平台，乘客打车更便宜的同时，司机的收入也能提高。

其次，在中心化平台下，平台的话语权过强，乘客和司机都只能听从平台的分配，处于被动地位。有时软件上显示了附近有车，乘客却无法选择，只能听任平台派单。被派单的司机，也很难取消订单。之前还出现过滴滴"大数据杀熟"的报道，滴滴运用其强大的数据处理能力，对支付意愿较高的用户收取更高的费用。而在区块链场景下，上述的问题都不复存在。用户可以自主设定选择，比如优先选择近距离司机。也可以在定价算法提供的模板下设置价格变动规则，根据交通路况以及出行时间设置相应的价格以便进行磋商。在用户很多时，形成完全竞争市场，会形成比较公允的市场价格。

最后，在数据安全管理方面，区块链相比中心化平台也有优势。在之前的乐清顺风车案中，滴滴饱受诟病的就是其安全管理。在受害人亲友接到求救信息报警后，警方联系滴滴平台要求获取相关信息，竟然多次受阻，最终错失了救援的最佳时机。滴滴当时的理由就是要保护隐私，保护数据安全。区块链技术则完全可以实现在保障数据安全的同时，对公安系统授权，确保警方能够及时获取相关信息，在警情发生时迅速处置。另外，通过对每个人的信用识别判定，区块链技术可以剔除那些存在安全隐患的用户。有时需要保护的不仅仅是乘客，在网约车封闭式的环境下，司机的安全也亟待保障。仅在 2018 年，就发生过贵阳、保定、温州、郴州等多起网约车司机被害身亡的事件。使用区块链反欺诈系统，撮合信用合格的用户之间的交易，一定程度上可以保护参与各方的安全。

三、区块链在共享经济中应用

（一）GSEnetwork

区块链 + 共享经济的第一个案例是 GSEnetwork GSEnetwork 在白皮书中将自己定位为一个去中心化的共享经济信任网络，以去中心化服务、激励模式以及信任网络为三大支柱，采用委托权益证明共识机制，并通过多条侧链并行的方式来提高系统运行的速度。最终目的是为了解决当前共享经济中心化带来的一系列问题，更有效地利用闲置社会资源。这个项目除了解决了上面三个问题之外，还有两点创新。

第一，建立了一套新型的信用体系。不论是摩拜的摩范分还是 ofo 的信用分，大多数情况下甚至没有被消费者注意到，最终主要还是看骑行次数和停放位置，滴滴快车和专车甚至没有信用分。一方面，GSEnetwork 采用了一种符合区块链精神的信用体系，这个体系允许用户掌握自己所创造的信用数据，并且用户可以通过向系统提供的数据来换取奖励。另一方面，高信用用户能够优先得到服务，激励用户维持良好信用，而不是根据会员等级来判断乘客是否有权利进入快速通道。这种用户信用评级系统适用于各个领域的共享经济。比如在滴滴等网约车平台上通过挖掘司机和乘客取消订单次数等违约行为，在爱彼迎等共享租赁平台上通过发掘评价信息来评价信用状况，在 ofo 等共享单车平台上，发掘使用者对设备的评价。

第二，将外部溢价以 GSE 代币的形式返还给用户。现有的共享经济中，大量用户聚集起来所产生的溢价并没有被用户所享受到，而是被平台所垄断。首先是规模溢价，乘客选择滴滴作为打车平台更多是因为其平台上有大量的司机，而且比其他平台更容易打到车。就像滴滴一样，平台本身并没有价值，在发展过程中聚集起来的大规模的司机和乘客才有价值。其次是信息溢价，乘客在打车过程中与司机共同创造了大量的交易和交通数据，这些数据所带来的价值也被平台所垄断。GSEnetwork 通过交易即挖矿的形式发放 GSE，将部分溢价返还给创造者也就是用户。这种方式提升了参与者的参与率，增加了 GSEnetwork 的价值，又反过来加强了对参与者的吸引，形成一种正向反馈。

ofo 目前虽然处境堪忧，但是 GSEnetwork 项目目前还在运营之中，说明它还是有一些可取之处的。

（二）迅雷

另一个区块链＋共享经济的案例是迅雷。迅雷作为互联网下载软件巨头，在下载业务发展遇到瓶颈之时，果断选择向区块链技术转型。现在，迅雷官网上对该公司的介绍是：全球共享计算与区块链创领者，中国拥有核心技术的分布式计算创新企业。所谓共享计算，指的是用户共享闲置带宽、存储资源。

众所周知，P2P 点对点传输技术是区块链的基础技术之一，迅雷目前使用的 P2SP 技术就是从 P2P 技术上发展过来的，单纯的 P2P 技术在用户过少、资源冷门的情况下，文件传输的稳定性得不到保障。P2SP 技术将众多节点与原先孤立的各个资源服务器统合起来为用户提供了稳定的下载体验。从技术层面上看，可以说迅雷天生就具备与区块链相契合的基因。

迅雷链并没有采用常规的 POW、DPOS 等区块链共识，而是采用了PBFT 共识，并混合了其他算法。在这一基础上采取同构多链框架，通过将不同交易分散到不同链上，最后在不同链之间确认和交互，使各条链性能叠加，每秒系统处理数量达到了百万级别，跻身区块链 3.0 时代第一梯队。

目前迅雷链的商业模式已经较为完善。普通用户通过共享闲置的计算机资源，包括带宽、存储、算力等，获得链克。企业用户如优酷、爱奇艺、哔哩哔哩等则通过以链克标价的商品，比如一个月会员，收集链克。然后再用收集来的链克兑换普通用户共享的闲置计算机资源。普通用户通过闲置的资源兑换需要的商品，企业用户则享受到了成本较低的计算资源，迅雷在其中收取一定的服务费用，达成了三方共赢的局面。

有人看到这里肯定会问，这迅雷链不就是变相 ICO 吗？链克和虚拟货币有什么区别？迅雷链不是变相 ICO，链克也不是虚拟货币。事实上迅雷公司也在极力撇清和 ICO 的关系，普通用户的链克只能在迅雷商城里兑换产品和服务，迅雷不提供任何链克兑换现金或者兑换其他虚拟货币的渠道，迅雷通过实名制账户等措施将链克锁定在了这一闭环中，甚至还曾经发公告称将处罚把链克兑换为货币的用户。

2018 年 5 月，迅雷发布的第一季度财务报告显示，迅雷的云计算业务营收同比大幅增长，迅雷因此实现约 800 万美元净利润。过去说到区块链，人们第一时间联想到的就是各种币、各种 ICO，区块链项目离开了 ICO 好像就找不到任何回报创始团队和投资人的方法了。迅雷链向我们成功证明了，区块链技术离开 ICO 也是能存活的，而且可能活得更好。

除了不依赖 ICO 盈利之外，迅雷链的成功其实还证实了另外一件比盈利更重大的事情，那就是区块链确确实实是能够为实体经济创造价值的。

小　　结

在目前经济下行周期里，区块链＋共享经济如果能为实体经济发展创造新的价值，那么必然会重新成为下一个风口所在。

区块链 + 慈善： 区块链真的可以重塑行业信心吗

刚刚过去的 2018 年对于中国的慈善界而言是不平静的一年。5 月，河北武安爱心村关停，爱心妈妈究竟是敲诈勒索的罪犯还是一心为孤儿谋福利的慈善家，在网络上引发热议。7 月，metoo 运动持续发酵，雷闯、冯永峰等多位慈善界名人深陷丑闻之中。8 月，一篇《七问秦玥飞》质疑知名公益机构黑土麦田挪用善款、铺张浪费、不做实事、克扣工资，受到广泛关注。

多年前，郭美美事件对中国慈善界声誉的打击至今没有完全恢复，中国的慈善界似乎从来就不缺负面的热点新闻。人们并不是缺少爱心，而是一次又一次的慈善舞弊事件透支了人们对慈善机构的信心。慈善舞弊，毫无疑问是横亘在慈善事业发展道路上的一块巨石。下面就让我们来看一下，具有信用创造功能的区块链技术，能否成为撬动这块巨石的一个支点。

一、慈善界的主要弊病

目前慈善界的主要弊病有两个方面。

一是募集端，诈捐现象屡见不鲜。2016 年 11 月，一篇《罗一笑，你给我站住》刷爆朋友圈。编辑出身的罗尔在女儿罹患白血病后，选择"卖文"来筹集善款。从一个救女心切的父亲的角度来看这件事本身没有任何问题。但是，罗尔在其文中对自家困境多有夸大。罗一笑的医疗费用并没有那么贵，根据深圳社保部门公开的罗一笑参保单显示，八万多的医疗费中，医保承担了约有90%，个人承担的费用并不高昂。另外，罗家也并不是没有能力承担罗一笑的医疗费用，据媒体爆料，罗尔名下的深圳房产有三处。在被问及为何不卖房救女时，罗尔竟说："一套给儿子，一套自住，一套养老。"一时间群情激愤。除此之外，还有大凉山主播诈捐、太康夫妻利用女儿诈捐致其死亡等事件。

二是使用端，善款的去向始终是个谜。过去我国慈善界曾爆出过天价帐篷、万元餐费等舞弊事件。而在国外，挪用善款、慈善腐败也是常见问题。2018年英国媒体曾报道，著名国际人道主义组织施乐会的工作人员，在海地大地震救灾时用善款招嫖当地女性。联合国前秘书长潘基文在2012年表示，有大约30%的联合国发展援助损失于腐败。

慈善界高度的不透明，以至于以往慈善事业的推进要么是通过政府作为中心机构统一调配，要么由各界的知名人士以其公众信用担保推行。现在，透明度高、数据不可篡改、可追溯、去中心化的区块链技术，给慈善事业提供了第三条路径。

一些区块链技术人员是这样设想的：通过区块链技术，将慈善事业所涉及的从募集到捐赠再到使用的全部环节的信息全部上链、全链记录。记录在区块链中的信息不可篡改，如果出现诈捐、舞弊等情况可以迅速追责。各种款项的使用也清晰透明，所有参与者都可以实时监控善款的去向。通过智能合约可以设置善款的使用规则，比如某项援助物资的预算可以设置一个上限，这样就不会再出现一顶帐篷1.3万元和一顿餐费9000元的现象，最大化地减少舞弊损失。智能合约自动执行，能够在减少全流程的人工干预、降低道德风险的同时也降低了人工成本、提高了工作效率。区块链的可匿名性也能保障捐赠人的隐私。

二、区块链在慈善事业中的实践

目前国内外关于区块链慈善的实践项目有很多。国内主要是在原来的项目基础上应用区块链技术的改造升级，国外则有一些募集虚拟货币的区块链慈善项目。

（一）国内区块链慈善项目

2016 年 12 月，蚂蚁金服旗下的支付宝爱心平台全面引入了区块链技术。该平台运用区块链技术追踪善款，并建立了资金流公示体系，方便公益机构进行数据统计、及时观测项目执行情况。区块链技术也为群众监督提供了渠道，人人都可以在区块链平台上查看善款的流向。

蚂蚁金服的第一个区块链慈善项目是与中华社会救助基金会合作的"听障儿童重获新声"，为听障儿童筹集一年的听力语言康复费用、融合教育费用和人工耳蜗调机费用，该项目在支付宝爱心平台上线筹款，每个人都能在支付宝的相关页面上查看善款的去向。在区块链技术引入支付宝爱心平台的一年后，到 2018 年年初，已经有 37 个机构 304 个项目参与该平台。通过区块链平台的捐赠用户数达到 62.9 万，笔数达 74.7 万，总金额超过 3.49 亿元。

百度度小满金融将区块链技术应用于滇西北支教老师经费补贴项目中。用户捐款后，区块链会自动记录相关捐款人的账户信息、捐款时间、捐赠金额、善款去向。资金记账信息经由度小满区块链平台集中流向灵山基金会，途经灵山基金会的钱款信息统一上链，包括捐款累计金额、转账机构名称、被转账机构名称、时间金额及拨付用途。最终，所有的钱款被分发到支教老师的账户中，相关的信息也会上链以确保钱款到达需要的人手中。

百度和阿里的区块链公益项目侧重于捐款信息的透明化，腾讯的区块链公益实践则更有想象力。2017 年腾讯上线了公益寻人链。过去寻找走失儿童时，父母需要在各种渠道、各种网络公益平台上发布寻人启事。为了提高寻找走失儿童的效率，腾讯结合国际上成熟的寻人协议（PFIF）和我国的实际情况，利用自身相对较为成熟的区块链技术构建了公益寻人链，实现了寻人信息的链上共享。现在，父母只需使用这个链条上任何一个平台报案，整个"公益寻人链"上其他平台都将完整地获取报案记录的详细信息和状态。而且任何一家平台上有更新的线索，其他平台也会被实时同步。使用这一技术，腾讯已经积累了多个成功寻人的案例，对公益事业作出了贡献。腾讯的相关负责人曾公开表示，未来腾讯还将继续在公益领域探索。

（二）国外区块链慈善项目

国外的区块链公益实践则聚焦于 token 经济，募集虚拟货币，使用虚拟货币来进行公益项目。与国内互联网巨头引导区块链公益的局面不同，国外的区块链公益项目大多来自创业机构。位于伦敦的 Alice，是一个建立在以太坊区块链上的慈善平台。该项目在 2017 年曾与英国的慈善机构合作，在以太坊上募集善款，为伦敦街头 15 名无家可归者寻找住所。

意大利创业公司 Helperbit，是一个自然灾害管理平台，旨在为自然灾害后参与处置的慈善机构和保险机构提供信息的透明化处理，让人们能够参与监督慈善机构和保险机构。目前该平台已经募集到超过 354 笔捐款，有 1298 名用户位其捐赠了近 11 万美元的比特币。该平台当前有十多个不同的慈善项目，包括为残疾儿童建造或改造的玩具筹集资金和为尼日利亚的清洁水项目筹集资金。

BitGiv 是一个致力于推进虚拟货币捐赠及区块链技术在公益领域应用的慈善基金会，该基金会在 2016 年宣布推出基于区块链技术的公开募捐平台 GiveTrack。捐款人在 GiveTrack 上可以实时追踪善款使用情况。BitGive 支持了四个新的非营利组织。

除了这些创业慈善机构之外，2018 年国外还有一个项目，以一种意想不到的方式实现了区块链慈善。这个项目就是联合国儿童基金会的 Game Chaingers 项目。该项目招募一些有较高显卡配置的电脑玩家，使用他们的闲置硬件资源进行以太坊区块链挖矿，然后用获得的资金给战乱之中的家庭捐款，以帮助饱受战火侵袭的叙利亚儿童。这个项目获得了巨大成功，据联合国相关报道，各种媒体对这个项目的展示高达 27 亿次，最终联网参与该项目的计算机数量超过 1.2 万台，筹集到了价值不菲的善款。

（三）存在的问题

无论是在国内还是在国外，区块链慈善目前都没能形成较大的影响力，只是在部分项目上使用区块链技术，虽然取得了一定的成功，但是也存在一些问题。比如互助平台众托帮，2016 年 3 月成立，同年 12 月就引入了区块链技术，根据众托帮官网介绍，用户所有捐赠金额、资金流向等信息记录在区块链上，让个人公益行为转化为"爱心数字资产"。但实际上，在该平台的网站里，我们只能查到加密后的捐赠时间、捐赠金额等数据，并不能实现互助款项流动的实时监控。想要了解互助款项的调拨分配记录，需要从该平台的微信公众号查询，也就是说，这个数据有可能并不是存储在链上，而是存在其他的数据库里，这和平台所宣传的有所偏差，数据存在被篡改的可能。

BAT 等巨头对传统慈善平台的区块链改造也存在相应的问题，在某些项目上区块链的记录、数据追溯并不能做到全流程实现。资金从区块链平台到传统慈善机构之后，区块链的线索就断了，如何使用区块链平台、开放多少查询或溯源功能给捐赠者，很大程度上还是慈善机构说了算。慈善产业本身链条太长，如果全面实现区块链慈善的愿景，势必涉及多方利益，要打通多个环节，作为一家提供技术的公司，显然没有那么大的能量。

如何提升公益事业的公开透明，如何让区块链技术能更好地服务于慈善事业，光靠互联网巨头的力量是不够的，还需要有相应的政策推动。我国政府推进慈善公益事业发展的脚步从未停止：2016 年我国《慈善法》开始施行，要求慈善信息公开。2018年9月，民政部提出"探索区块链技术在公益捐赠、善款追踪、透明管理等方面的运用，构建防篡改的慈善组织信息查询体系，增强信息发布与搜索服务的权威性、透明度与公众信任度"，并在2018年内对下属的慈善中国平台进行了区块链技术改造。

小　　结

区块链让技术更有温度。但技术并不是万能的，仅仅把数据上链也不能解决一切问题。从最开始源头处的骗捐事件，到后续的善款资金使用问题，以及社会相关法治的建设健全，这都是技术无法干涉到的角落。工具再好，也要有正确的使用方式，只有在政府、慈善机构、科技企业各方的合力之下，才能重塑慈善行业已经失去的信心，真正发挥它本来应有的作用。

区块链 + 溯源： 产品流转过程全揭秘

一、区块链溯源技术产业的背景

改革开放以来我国经济迅速，极大地提高了人民的生活水平，但是也存在发展过快、细节处理不好的问题。浙江省前省长曾在温州买了一条皮带，穿去北京出差，中途一个喷嚏皮带断了，方知是假。这位省长回去后重点整治假冒伪劣产品，在温州武林广场烧了许多假货。一把火后，浙江的假货少了，可在全国范围内，商品质量、防伪的问题却没有得到有效解决。

温州火烧假货的八年后，假货不再猖獗，真货却造成了更大的社会危机。2008 年，毒奶粉事件震惊全国，三鹿集团在其奶制品中掺杂化工原料三聚氰胺，导致全国范围内近 4 万婴幼儿患上肾结石，甚至在我国香港、澳门地区也有儿童确诊患病。问题不仅仅在三鹿，根据当时国家质检总局公布的调查报告，包括伊利、蒙牛、光明、圣元及雅士利在内的 22 个厂家 69 批次产品中都检出三聚氰胺。国产乳制品几乎全军覆没。

三鹿奶粉十年后，在监管部门和社会各界的努力下，再也没有发生如此严重的食品安全问题。但是药品安全领域却发生了假疫苗事件，其造成的不良社会影响，与毒奶粉相比也不遑多让。

为什么假货屡禁不绝？为什么食品安全、药品安全总会出现问题？这其中主要还是制造业生产流程不透明的问题。从生产端开始，企业擅自编造生产记录和产品检验记录，随意变更工艺参数和设备，在事后问责、案件回溯时，无法确认究竟是哪一个环节出的问题、哪一个责任人该负起责任。在物流运输、商品流通环节，往往由物流企业自我监控，监督尚不完善。在监管方面，往往监管信息不公开，各级监管部门信息传输不畅。当年的三鹿集团，可是同时拥有中国驰名商标、免检产品等金字招牌的有政府背书的企业。

在最近的食品药品安全危机中，关于区块链溯源的呼声渐盛，这里面当然有借机炒作的成分，但是区块链溯源确实是区块链落地应用中政策风险最小的一种。根据区块链技术的特性和传统溯源的不足，产品溯源是除了金融领域之外最适合应用区块链技术的领域。传统的溯源其实大家都不陌生，无论是在便利店还是在超市购物，商品上一般都有一个条形码，需要溯源时扫描条形码可以获得商品的有关信息。但是条形码能够记录的信息比较少，后来又发展出了能记录更多信息的二维码，现在的智能手机都有扫描二维码的功能。有一些采用二维码溯源的产品，比如耐克鞋就会在鞋舌上印上二维码，我们用手机就可以扫描查询它的信息。现在还有一种更先进的 RFID 技术，这是一种电子标签技术，实际上就是用一种芯片来取代条形码和二维码，信息的存储量更大，使用起来也更便捷。

二、区块链溯源技术简介

（一）存在的问题

这种标签式的溯源技术主要存在两点问题。一是信息中心化存储，二维码、RFID 都是数据的入口，所有商品信息都存储在中心化的服务器上，不仅有人为篡改的可能，还存在数据意外丢失的风险。二是信息孤岛，制造业生产流程往往很长，流水线式作业，一件商品从原材料采购到生产到物流运输再到销售，中间经手各方往往没有有效的信息共享手段，需要多次核对、重复检查才能确保信息的准确，效率较低。

而区块链技术作为一种不可篡改的分布式数据库技术，同时解决了以上两点问题。区块链技术在其他非金融领域的应用可能还有些牵强附会，而它和产品溯源之间则堪称天作之合。产品生产流程上链之后，有关的各个参与方共同记录并维护一份账本，账本数据不可篡改，对于涉及环节越多的业务，区块链技术的优势越大。另外监管机构也可以参与到账本维护中，将监督管理落实到每一个环节。区块链溯源大体的操作步骤有四步：首先，生产部门将 RFID 标签贴在商品上；其次，在供应链的各个阶段参与方将流转信息写入区块链；再次，运用各种物联网设备对商品的运输、存储环境进行监控并记录存档；最后，消费者可以扫码获取相关商品信息。

（二）产品信息文件

区块链产品溯源中，产品的信息文件中主要包括以下几个方面的资料：一是产品生产信息，如生产批次、生产线、原料来源等；二是每个环节责任方签名，各个参与者应将其签名信息按经手时间顺序记录；三是时间戳，每当信息文件中产生新的纪录时，系统会自动记录相应时间节点，防止篡改；四是位置信息，当参与者录入商品数据时，自动记录相应的地理位置，从而方便追溯产品的物流路线。

三、区块链技术在产品溯源中的应用

（一）国际零售业巨头沃尔玛

沃尔玛在 2016 年年底曾宣布与 IBM 及清华大学合作，探索采用区块链技术追踪中国市场供应的猪肉和美国超市商品。该项目在 2017 年年初落地，打破了过去生产环节信息纸张记录的传统，对每个环节利用区块链技术进行数字化记录。一旦发生食品安全危机，或对某个商品有怀疑，利用该技术沃尔玛可以很快地追溯到它的生产地，判断食品是否受到影响。如果受到影响可以迅速作出召回或其他处置决策。

2017年沃尔玛和金锣合作，在北京的两家沃尔玛超市部署了这一技术，覆盖了超市里的金锣猪肉制品，取得了成功。当时沃尔玛和媒体透露未来还将在水产品上也采用区块链溯源技术，之后就再也没有相关报道了。

（二）国内公司

国内也有公司在开展区块链溯源业务，目前业务开展得比较好的有纸贵科技、众安科技、溯源链三家。

纸贵科技是西安的一家区块链创业公司，成立于2016年7月，主要提供区块链版权服务，同时也为企业客户定制企业级区块链解决方案，目前已经实现了多行业场景应用。2018年年底，纸贵科技与天水市政府合作，推出了我国首个区块链溯源水果项目"天水链苹"。该项目将苹果的产地和果园地址、生长、成熟、采摘、存储、安全检测证书、销售商等每个环节信息都记录在区块链上，消费者和商家在链上可以清晰地看到苹果从生产到消费的全过程。该项目借助苹果光合作用变红的原理，在光照前将印有二维码的透明贴纸贴在苹果上，光照一段时间后撕下，被二维码遮掩的果皮颜色较浅，从而将二维码永远留在了苹果的表面。天水链苹和京东众筹合作，上线发售当天就受到很多科技爱好者的欢迎。目前这个项目在京东众筹的网站上还可以找到。

众安科技是众安保险旗下的子公司。说到众安保险很多朋友可能都不陌生，这是中国首家互联网保险公司，由蚂蚁金服、中国平安、腾讯等联合发起设立。背后不仅有两大互联网巨头，还有中国金融行业巨无霸级别的金融集团，无论是技术还是资本都相当雄厚。众安科技在2017年6月联合连陌科技推出步步鸡区块链防伪溯源项目，也是全球率先将区块链技术应用于农业养殖的扶贫项目。过去在养殖户与消费者之间信息不对称，养殖户卖的什么肉、质量好不好，消费者很难摸清楚，因此常有诸如烤肉串都是流浪猫肉、火腿肠里的肉是老鼠肉之类的谣传，不然也不会有挂羊头卖狗肉这句俗语。

养殖户的肉卖不出好价钱，消费者花大价钱也不一定能买到好肉。众安科技的步步鸡项目就意在打破这一怪圈。该项目通过区块链、物联网和防伪技术的结合，消费者可以实时查看鸡的地理位置、计步信息和整个生命周期信息，解决了养殖户与消费者之间的信息不对称及信任问题。溯源链路涉及种苗繁育基地、养殖基地、质检机构、屠宰场加工、物流企业、销售渠道、管控机构。在整个生产链上，从鸡苗到成鸡、从屠宰到运输、从鸡场到餐桌等环节不再存在信息壁垒，所有信息都通过区块链进行流转，并通过共识算法保证信息的不可篡改，相当于给每只鸡都加上了一个身份证。如果脚环被外力破坏，数据将自动销毁，真正实现防伪溯源。

步步鸡项目虽然是一个溯源项目，但是它的功能不仅仅局限于溯源。步步鸡利用区块链技术实现了养殖资产的数字化存储，与之合作的金融机构可以通过区块链上记录的相关数据评估养殖户的信誉并向其发放农业贷款。这样一来便解决了传统农业信贷评估审批难的问题，降低了农户申请信贷、保险业务的门槛。该项目现已与贵州、安徽等多个省市数百个标准养殖场达成合作意向，预计到 2020 年将在全国建成 2500 个标准养殖场，创造经济效益 27 亿元，帮助农户实现脱贫致富。

众安科技还有一个区块链溯源项目，是和鼎钻科技合作推出的区块链钻石溯源及交易平台。该平台联合国内外知名交易所、质检机构，溯源链路覆盖了上游供应链、电子交易、第三方结算、质检、物流和报关等机构，保证了钻石从开采、切割、质检、物流、加工、批发到零售的全流程信息全部上传到区块链上。真正实现了钻石溯源信息的真实可靠。

上述的四个项目，一个是国外巨头的小范围试点、两个是半公益性质的农产品溯源项目、一个是珠宝溯源项目。这也就折射出目前区块链溯源存在的一个关键问题：使用成本过高。目前的区块链溯源解决方案，在商品的生产和流转过程中添加了许多数据采集工作，引入了很多传感器、网络，部分项目还采用了物联网技术，不仅增加了溯源环节的复杂性，也增加了溯源的成本。因此目前的区块链溯源，还是更适合利润率较高的商品，比如上面说到的钻石。不过任何技术在刚起步时往往都伴随着高成本，随着技术的发展，成本往往都会有降低的趋势，对于未来的大规模应用，我们对区块链溯源还是可以抱有一定的信心。

小　结

区块链溯源本身只是一项技术，通过这个技术能解决溯源的问题，而追溯到问题源头之后的处置，即如何让该负责的人负起责任、如何保证问题不再复发、未来如何防患于未然，还需要监管部门和社会各界的共同努力。希望未来在区块链溯源技术的帮助下，我们都能看到没有假冒伪劣产品的那一天。

区块链＋教育： 优质内容对劣质内容的驱逐

2018 年高考的报名人数是 970 万，比 2017 年多了 35 万，在这个庞大的数字背后隐藏着一个往往会被人忽视的事实，能接受高等教育的人其实并不多。根据 2000 年全国人口普查的数据，2000 年新生儿的数量约为 1370 万人，也就是说，即使是在全面普及九年义务教育、高等院校扩招多年后的今天，全国适龄青年中仅有 70% 完成高中学业并参加了高考。而一类本科的录取率约为 15%，第一代"00 后"高中生，10 个里仅有 1 个能考上一本，如果再算一算双一流院校的录取率，这个数字还要继续打一个折扣。自从高考恢复以来，累计拥有本科学历的人口仅占全国人口总数的 4%，教育资源是真正的稀缺资源。为了让自己的下一代不输在起跑线上、享受到比同龄人更优质的教育资源，许多家长可谓是殚精竭虑，这一点从北京海淀那些动辄每平方米十几万元的学区房价格上就能看出来。

区块链技术看似是和教育没有什么太大的关联，但是却有人在区块链＋教育的实践上迈出了大胆的步伐，不管他们是追逐风口的投机者也好、变革教育的先驱者也罢，或多或少给教育行业带来了一些改变。

一、目前教育行业存在的问题

目前教育行业存在的问题主要有四个。

一是个人信息造假。过去花点小钱就可以伪造一个"211""985"

的文凭，现在个人学历信息在教育部主导下已经实现了全国联网，每个人的学历信息都在数据库中备案。但是这个数据库使用起来并不方便，需要本人去教育部学信网上申请学历认证报告，这个报告仍存在伪造的可能，因此用人单位招聘时往往还是要求出示学历证、学位证的原件。而在个人简历上的信息不对称问题则更为严重，网络上可以轻松找到一些粉饰简历的服务，大型企业在招聘时尚有余力做背景调查，小企业想挤去简历中的水分就全靠 HR 个人能力了。

二是版权问题。教育行业一向是版权问题的重灾区，各种教辅机构肆意剽窃名师们的创意，某个名师出的一套押题卷，没过几天就会以各种形式出现在和他完全无关的各个学校学生的课桌上，而这位老师本人完全无法从中获取自己应得的利益。高校中学术论文抄袭几乎成了常态，本科学生随便从网上东拼西凑的产物也能拿去做毕业论文，个别名校教授甚至也被曝出学术抄袭的丑闻。

三是教师待遇过低。很多中小学老师薪资微薄，仅够勉强度日。高中老师日常工作辛苦，过去总有人说，学生时代的辛苦也就是辛苦一个高三，而高中教师则要辛苦无数个高三。在付出了高强度的工作之后，高中老师所收到的经济上的回报与其付出实在是不成正比。这就导致了许多老师偷偷出去代课赚些外快，一方面这是国家政策所不允许的，另一方面也加重了学生的学习负担。

四是教育资源分布不均。在一些高考大省，不仅优秀的老师全部集中在几所甚至一所学校，优秀的学生也都聚集在这些学校。学生如果不能在通过中考考上这些高中，几乎就等同于丧失了考入一本的机会。另外，教育资源在地域上的分布也严重不均衡。在有些偏远地区，甚至一个小学只有一个老师，不同年级的学生挤在同一间教室里上课。

二、区块链技术在教育中的应用

区块链技术从以下四个方面可以对教育行业加以重构。

一是区块链的分布式数据存储、不可篡改等特性，可以助力学历、学籍档案的数据存储，减少学历信息造假现象。政府、学校、企业共同维护一份账本，将学生在校表现、实习经历、工作经历等全部上链，需要使用时直接从链上访问。

二是区块链的版权保护，区块链版权保护可以实现"创作即确权，交易即授权，发现即维权"。比如某位老师编写的教辅资料、教研成果，在上传到区块链平台上后，平台会生成一个独一无二的作品身份证，未来每一次授权、转让都加以记录。交易授权通过智能合约执行，减少中间成本。在发生侵权时，区块链版权存证能够为维权提供依据。

三是区块链共享教育，每个人都能够通过区块链平台传授知识和技能，同时也能学习需要的知识和技能，每个人既是分享者、又是消费者。区块链上的认证评分真实可靠、不可篡改，有能力的老师可以在平台上获得与其能力和付出相匹配的经济利益。

四是实现教育的全民参与。从政府到企业再到个人可以形成一个有机的整体。过去只有在校教育才得到认可，在区块链技术的支持下，优质的校外培训也能得到认可。在走出校园后，区块链也能保证你学到的每一份知识都物有所值。另外，过去只有考入编制内的教师才能进入学校授课，很多有能力的老师被拒之校外，他们可能有更好的教学方法下课件，甚至作品。在区块链的去中心化平台下，他们也能发挥自己的作用，这样也就丰富了我们的教育资源。

教育链这个概念，在区块链概念火热的时候有很多人入局，现在百度搜索教育链可以搜出七八个不一样的教育链，这些项目有的是借机炒作发币试图割韭菜的不法分子，也有一些办实事的真教育区块链项目。

三、教育链项目

学链是一个区块链技术支持的知识分享平台。这个项目的愿景是解决目前互联网教育平台收费高、体验差、营销推广难的问题。学链团队认为症结所在是教育内容生产者无法完全捕捉到服务对象，无法获得合理的收益。于是他们开发了这个集确权交易、线上课程、学链社区于一体的区块链知识分享平台。学链最大的特色就是学链上的确权机制和分销权，把教育生产者的课程在链上投放给社区用户，在链上对接教育机构和社群，让课程的受众面更广。这样能有效地提高传播者的积极性和能动性。

目前学链官网上的课程多是一些编程教学，在全部课程分类下，编程类有大量课程可选，而语言教学、财会金融、公务员考试等项目都是空白。学链与许多互联网科技公司合作，在学链上完成的课程得到这些互联网科技公司的认可。并且学链还提供学费分期服务，减轻用户学习压力。但是对于他们提出的在线教育内容生产者无法完全捕捉到服务对象的问题，学链本身似乎也没能很好地解决。

EDC 教育链是一个学习档案管理平台。该项目通过分布式记账机制，结合其涉及的教育链 EDC 学分的 token 分发机制，对学习者在不同教培机构进行的学习过程进行客观的、不可篡改的记录。教育链 EDC 学分 Education Credits 是教育区块链发布的专用 token，符合以太坊 ERC20 代币标准。注册学员完成一天的课程培训后，将获 1 个 EDC 学分，由培训机构与教育链联合颁发。学分一旦颁发即不可收回，EDC 教育链不提供任何兑现手段。EDC 学分这个代币的实际作用仅仅是能在 EDC 教育链的合作机构中兑换优惠券。目前 EDC 教育链在上海地区有一百多家合作机构，形成了一定的影响力。

LiveEdu 是国外的一家区块链教育直播平台，是首个科技领域在线教育平台，项目方的愿景是将全球在线教育都放到区块链上发展。在该平台上提供观众和主播能实时互动的教学直播，内容主要涵盖编程、游戏开发、设计、虚拟现实、人工智能等领域。平台定位和现有的在线教育平台不同，LiveEdu 平台不提供普及性教育，主要针对的是专业人士。在

LiveEdu 上开展教学直播的多是一些教授、技术人员和设计师。LiveEdu 生态系统包含内部生态系统和外部生态环境两个网络系统。内部生态系统参与者是教学内容分享者、学习者、社区版主、内容质量管理员和 LiveEdu API 应用程序开发者。外部生态环境参与者为企业、学校、图书馆、大学和其他在线教育公司。平台方自身不创作任何内容，也不向分享者提供任何现金激励，教学分享者在 LiveEdu 上的分享活动可以获得 EDU 代币的奖励，平台长期发展带来的代币升值与平台使用者共享。

以上三个教育链项目是目前能找到的为数不多的能真正落地并且还在正常运营的教育链项目。还有一些诸如 EFH 教育链、FCG 教育链、EDU 教育链的项目，要么只有币没有落地项目，要么索性连官网都没有，只有白皮书和区块链媒体上的一些造势宣传。可见区块链技术与教育行业的结合并不是那么顺利。

这里主要有两点问题。一是政策风险。在我国全面禁止 ICO 的政策环境下，像 LiveEdu 这种以 token 经济来激励参与者分享优质内容、促进平台发展的道路在国内走不通。另外，2019 年 1 月教育部印发的《教育部办公厅关于严禁有害 App 进入中小学校园的通知》对"互联网 + 教育"行业进行了限制，有一万五千多个教育类 App 被下架，目前在基础教育领域几乎已经不存在供教育链发展的土壤，区块链在共享教育等方面的发挥也就显得有些束手束脚。

二是技术限制。区块链技术本身目前还处在发展阶段，很多技术应用还处在概念阶段，能不能真正落地实现还要靠技术人员的努力。有的技术是已经能够小范围实现了，但是大规模的应用还成问题。教育区块链想要真正出现一个能够颠覆传统教育行业格局的应用，现在看来还需要很长时间的发展。

小　结

单纯从技术本身考虑，区块链技术确实有与教育行业相结合的可能。但是大家从上述例子中也能发现，目前的应用很少，而且都是创业机构主导，项目规模较小。不仅没有互联网巨头的技术支持，也缺少政府的政策支持。在这个领域内，未来究竟会怎么样还说不准，但是短期内恐怕是没什么机会。

区块链＋公共管理： 如何证明你是你

如何证明你妈是你妈？这个问题问出来难度不亚于"终极三问"你是谁、从哪里来、到哪里去。我是我、从来处来、到去处去，我妈就是我妈，要什么证明？一旦你碰上了这个问题，那种荒诞又无奈的感觉，绝对会让你抓狂。有个人在办理户籍迁移的过程中，去办电话卡。移动营业厅说查不到他的户籍信息，让他去派出所开个户籍证明，派出所告诉他户籍迁移手续办理流程中，公安部户籍信息系统里没有他的信息，不能给他开这个证明。那么我本人在这，身份证也有效，就不能证明我是我吗？"不能，公安户籍系统里没你的信息，这个世界上谁也不能证明你是你。"这是派出所工作人员给出的答案。

一、身份信息管理中存在的问题

我国的户籍制度历史悠久，新中国成立以来我国户籍管理制度经历了 1958 年以前的自由迁徙期、1958—1978 年的严格控制期和改革开放以来的半开放期。历次改革之后，户籍制度对居民生活的限制相比从前已经少了很多。近年来，中央及各级公安部门领导对公安信息化高度重视，居民身份信息基本实现电子化并全国存档。大数据、云计算等先进技术在公安信息系统中都有及时运用。根据相关报道，目前公安信息系统中的数据已经积累到了一个很庞大的规模，数据资源有数百类上万亿条，达到了 EB 级别。

但是各地公安数据库之间有时还存在"信息孤岛"的情况，公安部每年都要花上很多的人力、物力整理户籍档案中的冲突资料、撤销无效身份信息。中心化的数据库不仅存在被篡改的可能，同时也有居民隐私泄露、信息透明度差的问题。任何一个基层公安人员都能够在系统中随意查询某个居民的全部身份信息，隐私保护力度较小。而在居民办理业务时，又要层层审批、办理一道又一道的证明，居民本人很难查到相关信息，信息的透明度非常差。

二、区块链技术在身份信息管理中的应用

在身份信息管理上，区块链技术要优于传统的身份信息管理。传统的身份信息管理体系下，居民的信息由某个派出所采集，再统一上传到公安部信息系统中。在发生户籍信息变更时，居民要先在原属地办理迁出手续，再到居住地办理迁入手续，最后迁出迁入的信息都在公安系统中走一遍，手续才算完成。这个流程不仅耗时较长，而且效率较低。区块链技术下的身份证明，各地、各级公安机关共同维护同一份账本，迁入地迁出地核对无误后同时记账，无须经过中心化的数据库认证，也省去居民往返的时间，可以极大地提高身份信息管理的效率，将有限的警力从纷繁复杂的社会管理事务中解脱出来。

区块链技术的不可篡改性对于身份管理的好处也不言自明，可以杜绝内部贪腐产生的假身份、假证件等情况。区块链技术对居民隐私保护也能起到比较好的作用，通过智能合约对公安人员授权，不同级别的公安人员的权限不同，在不必要的情况下就不能访问居民的隐私信息，这样再也不用担心自己的身份信息被泄露。区块链技术的高度透明化，也能减少居民政务办理时层层审批的情况，过去办理业务往往需要开这样那样的证明，工作人员动动嘴，百姓就得跑断腿。区块链身份证明中可以集成居民的各种信息，包括生物特征、信用记录、财产信息、行为轨

迹等，有关部门根据需要调取即可。

三、国内外、区块链身份信息管理业务

国外区块链身份信息管理业务开展得比较早，爱沙尼亚政府在 2015 年 12 月就为全部居民建立了区块链身份证明。无论他们身居何处，在何处做生意，都可在区块链上享受结婚证明、出生证明、商务合同和其他服务。

我国最早的区块链身份信息管理业务，是广东省佛山市在 2017 年打造的全国第一个区块链政务应用创新平台。办事群众通过基于区块链技术的"IMI 身份认证平台"验证了"我就是我"后，即可在移动终端完成基本信息的录入和表格的填写，并将办事申报材料提交到系统，完成事项的申办，从而实现了办事群众足不出户即享受高效、便捷的政务服务。目前，首批有 20 个具有代表性的行政服务事项被纳入区块链政务服务，涵盖证件办理、证明出具、资格认证、小额津贴发放四种必须本人现场确认身份的服务事项。该项目正在当地进行全面推广，逐步增加可办理的事项。到 2018 年 6 月底，该项目累计办事量达到 495 万件。

在基于区块链技术开发的 IMI 身份认证平台上，佛山政府还开发了一系列便民服务。"云务通"大数据互联网智能 IT 运营系统与 IMI 身份认证平台相结合，实现真实身份认证、远程授权开门、轨迹审计、视频查控等功能。并通过汇集人口基础信息、居住信息、出入信息、消费信息、社会化服务信息等，真正实现非户籍人口数据的自动采集，从而精确实施社会管理，精准进行社会服务。另外，佛山市民网借助区块链技术提供的认证服务，通过"IMI 身份认证平台"扫描码登录，即可取得市民网的实名认证服务权限，为市民提供社保个人账单推送及查询、公积金查询、交通违章查询、水电燃气费查询、预约挂号、网上办事、实名政民互动等服务，享受新技术带来的方便和快捷。

四、区块链技术在其他公共管理方面的应用

区块链技术在公共管理方面的应用不仅仅是身份信息管理，在其他方面区块链技术也能大展身手。根据链塔智库《2018 中国区块链电子政务研究报告》，截至 2018 年 10 月，我国共有 17 项区块链电子政务应用，涉及七大细分场景，包括政府审计、数字身份、数据共享、涉公监管、电子票据、电子存证、出口监管。

这 17 项区块链电子政务应用中就包括我们上面提到的佛山市的 IMI 身份认证平台。除此之外还有以下几个比较有代表性的应用。

株洲市的区块链敏感数据审计平台是政府审计方面的区块链政府应用，株洲市政府与众享比特合作，采用区块链技术记录敏感数据的操作，形成强审计的业务日志，能够根据操作历史行为进行溯源。

娄底市政府联合湖南智慧政务打造了首个不动产区块链信息共享平台，该平台由湖南智慧政务区块链科技有限公司自主研发，实现了不同部门之间的信息同步。该平台连接了当地的不动产中心、国土资源局、税务局等多部门，不同平台数据共享交换，完成对数据真实性评估，形成以不动产信息为中心的可信数据服务平台。平台能够实现多部门数据实时共享，充分挖掘不动产信息价值，提供信用服务，从而提高银行存贷比，促进城市经济发展。该平台大大缩减了群众办理不动产登记时间，提交材料只需一次。不仅如此，平台还极大地提高了政府工作人员的工作效率。

雄安区块链管理平台是国内首个基于区块链技术的项目集成管理平台，包括千年秀林工程、城市截洪渠工程、黄河污水库治理工程等，与工程相关的千家企业已经全部上链，实现了项目在融资、资金管控、工资发放上的透明管理，累计管理资金达到 10 亿元。未来，雄安新区包括拆迁补偿、资源分配类项目，数据溯源、安全、共享和交换等领域，都将应用区块链技术。

陕西省在区块链电子政务上的应用最为全面，陕西省政府与陕西大数据集团合作开发了区块链政务平台"陕数通"。通过这一平台，陕西省咸阳市将公安、民政、社保、医院、银行等市县镇三级1300多个单位部门涉及的85类数据上链，在保障数据安全的情况下，实现数据的同步共享，并成功应用在多个社会民生领域，取得了显著效果。

上面的几项区块链公共管理的实践主要还是聚焦于不同政府之间的信息共享，在政府信息公开透明方面，区块链也可以塑造一个更加透明的政务环境。目前国有资产透明度差，公众仅能从各个政府部门公开的数据中略窥一二。国有资产信息上链公开，不仅有助于政府公信力的提升，也有利于事后审计和工作成果的考核，同时也能够为未来的国家财政决算提供可靠的数据支撑。

其他国家将区块链技术应用于国有资产中的案例，比如乌克兰地区在2016年2月启动的一个基于区块链的在线拍卖系统。该系统将能够以去中心化且非常透明的方式来租赁和处置国有资产，这样的解决方案有助于解决该领域的腐败问题。国有资产在乌克兰的现行体制下是非常集中的，国有资产在被出售或者租出的过程中往往会出现严重的国有资产流失等腐败问题。通过区块链技术，这些国有资产被放置到网上后，没有任何人能够在出售或者租用的过程中有能力控制或者伪造信息，从而保护国有资产安全。随着改革的深入，未来我国可能也会出现国有资产上链、透明化管理的实践。

小　　结

随着区块链概念的大热，区块链技术发展日趋成熟，各种各样的落地应用开始出现。这是我国公共管理的重大机遇。区块链技术的共识机制、分布式账本、不可篡改、透明性等都会给当下的公共事务管理带来效率上的提高和机制的改良，给原来管理方式带来新的改变。

区块链＋旅游： 美联航 "暴力赶客" 事件是否还会重现

随着人们生活水平提高，旅游再也不是一项奢侈的活动。但是有些时候我们的旅行并不是一帆风顺的，总有那么一两件事情让旅行有了一些遗憾。比如误食天价虾被宰、报了个低价旅行团却被带入行程中本来不存在的有提成的购物点被强制要求消费，又或者提前预订的机票，登机前却被告知座位已经满了，等等。

那么区块链技术能给这个乱象横生的行业带来哪些革命呢？让我们换一种讲述方式，开启一场区块链保加利亚之旅，讲一讲区块链技术会如何改变旅游生态。

一、机票

旅行从飞行开始，首先你要订一张飞往索非亚的机票。2017 年 4 月，一则美联航暴力驱赶乘客的新闻刷爆了社交媒体。4 月 9 日一班从美国芝加哥起飞的航班，超卖了 4 张机票，才导致了后续请乘客下飞机，无果后直接暴力赶客。网传最终美联航花费了 1.4 亿美元的代价和解此事，航空公司的经济损失和乘客的精神损失都为这次旅程盖上了一层阴霾。

航空公司一般不只通过一个平台销售，而当不同平台同时出现订单时，传统的系统下经常无法有效阻止超额订单达成，很容易出现超卖的现象，而且航空公司也没有动力去阻止超卖事件的发生，毕竟最后如果有人没来，这些飞机票钱就成了航空公司的额外收入。但是，在区块链旅行中，这种机票超卖的事情是不会发生的。以 2017 年推出的一款区块链旅游应用为例，在区块链这个信息公开透明的平台上，它会自动记录你的交易数据，无论你是在哪个地方预订的机票，你的预订数据存储节点都会通知到全部参与网络的相关单位，其他节点在收到已售出信息后就无法再超额预订给其他用户了。平台去中心化的支付交易系统和淘宝支付一样，会暂时锁定你的付款，直到你和航空公司双方都确认登机后才会放款到商家账户，保障了你的资金账户安全。同时，区块链上点对点的交易方式，加快了付款速度，航空公司销售机票后能直接回款，不需要再通过第三方回款。2017 年 8 月，俄罗斯西伯利亚航空公司就宣布，将在阿尔法银行的支持下使用以太坊区块链销售机票。

在区块链平台上预订机票，还有一个好处就是，借助于区块链技术的可追溯性，你还能够收到航班信息的实时提醒，不需要到机场后才发现航班延误、登机口更换、飞机故障等信息了。

节假日航班延误的概率非常大，你还需要购买一份航空延误险。虽然现在互联网保险业已经非常发达，但是理赔过程却较为烦琐、耗时长。不过，区块链的智能合约为此提供了良好的解决途径。它能够追踪航班的实时信息记录，一旦条件触发智能合约的理赔条款，平台就会自动赔偿放款。

二、酒店

和机票预订原理一样，很多区块链旅游平台都能够有效避免酒店超卖的问题。不过，区块链上的酒店预定不仅能够解决超额预订的问题，还搭建了一个完全真实透明的信用体系。旅客和酒店之间存在严重的信息不对称性，我们预订酒店的时候只能通过酒店图片、用户评论、消费评级来判断酒店的适合度。然而，在传统的电商平台上，评级较高的酒店中不乏水军刷出来的高评分，还有些商家甚至通过不法方式买下了平台的首页广告、智能推送，无法为消费者提供可靠的参考价值。不过，在区块链平台上，可以通过币天来保证评论和评分的真实性，即用时间乘以消费的钱数来作为评价的真实性评价。举个例子，如果是刷单的情况，拿同一笔10元来回刷单，7天之内刷出了200条评价。如果是真实消费的情况，10元7天只有一条评价，那么这一条评价的价值和那200条评价的价值是相等的。因为对于以上两种情况而言，消费的钱乘以时间后的值都是70。在这种情况下，如果造假者想要刷出200条价值高的评价，就需要2000元的成本，相比于现在中心化平台上只需要10元就可以做到的200条好评，造假者的成本极大地提高了。

Travel旅行链更是搭建了一个公平高效的争端解决机制，用户的恶意差评也能被有效避免。在中心化世界中，虽然投诉无门抑或是客服协商耗时长是常事，但是不只消费者处于弱势，有时候消费者可能无缘由恶意差评商户。而由为两者搭建桥梁的三方平台进行裁决不仅效率低下，还经常处于利益保护而向单边倾斜，很难作出公正的裁决。Travel旅行链基于智能合约建立了一套公决投票机制，把投票权交给整个生态的用户，商家和消费者都有权利发起公决，平台调用智能合约进行投票，每个投票者根据是否有过相同体验和持币数量不同，对应的权重也不同，发起公决参与人数下限为11人，公决开启后双方可以上传文本、图片、视频音频等证据，所有投票者的GAS会计入奖励池，最终公决胜出方投票参与者会按照投票权重瓜分由公决发起费、投票GAS和败诉方交易赔款的10%三部分构成的奖励，发起公决胜诉方会得到败诉方交易赔款的90%。

这种公平透明的信用体系防范了一些临时毁约的无良商家。临近节假日的时候，酒店的价格总是骤然飙升，在巨大利益诱惑下，很多无良商家就用各种奇葩的理由取消之前已经订出去的房间订单，这时候再重新预订，酒店价格就要贵出几倍了，而仅凭一句"最终解释权归商家所有"消费者只能闷声吃亏。2018年欧洲冠军杯决赛的时候，不少不远万里赴现场观赛的球迷就入了这个大坑。如果是这种情况，旅客可以在Travel上发起公决，捍卫自己的合法权益。也可以给商家一个低信用评级，提醒潜在消费者。而往常中心化平台的删评论操作在区块链上就完全没有作用了。在区块链这种全球透明的信用体系下，为了蝇头小利失去了消费者的支持是巨大的损失。当然，不只商户的信用，用户的信用也极其重要，在Airbnb的区块链平台上只有用户的信誉达到一定级别才能租用特定类型的房屋。

区块链的去中心化还能为你省下一笔可观的酒店预订费用。在区块链生态外预订国外酒店，你需要承担信用卡汇率转换的手续费，还不得不支付暗含在房费中的酒店支付给预订代理机构的中介费。不过，在区块链旅行中，点对点的智能合约为你省掉了至少20%的中介费，在跨境酒店预订时，用代币支付房费也不需要货币兑换手续费了。

三、其他票据问题

接下来你需要计划一下行程，挑选一些景点或者想参加的当地活动，提前预订景区或活动门票。微信二维码掀起了票据市场的第一次革命，票据从传统的线下纸质门票逐渐实现去纸质化，转变成手机上的一个二维码。现在很多景区的检票口都添加了电子扫描仪器，门票上印有可识别的条形码或二维码，通过互联网渠道购买的门票甚至可以免去排队取票的过程，直接扫商家提供的电子码就可以进入景区了。但是，传统的互联网售票仍没能解决线下售票时代的五大问题：一是像机票、酒店一样的超卖问题；二是一票多卖；三是过期票翻卖；四是贩卖假票；五是在门票抢手时可能出现的黄牛票问题。区块链技术更彻底地修复了传统票据销售机制的漏洞。

在传统的电子销售网络中，票据是可复制的，虽然一个有效票据仅有一个对应的识别码，但是不法票贩可以通过复制识别码将一张票据多次贩卖。这在景区允许多次进出的情况下会造成景区的收入损失，在只能单次进入的情况下就会导致消费者的损失。但是，在区块链上，在任何一个节点购买票据后，都会通知到其他节点，即便是商贩复制出其他节点，这些节点也会捕获到相同的信息，其他节点收到已卖出消息后，无法再次达成交易，这就有效杜绝了超卖和一票多卖的问题。区块链上的门票还能够和我们之前讲的专利识别一样，通过加盖时间戳，系统通过对购买时间和有效期限时间戳进行对比，阻止过期票据达成交易，也能通过对条形码加密更好地防止伪造票证。当前市场上的很多包含票务服务的区块链旅游平台，都能有效解决这些问题。

俄罗斯的一家门票二级市场公司——Eticket4 在避免票据欺诈和抑制高价黄牛票上作出了巧妙的设计。这个平台支持票据经纪业务，票据可以进行二次买卖，活动组织者发放门票后，票据经纪人可以囤票，平台还为代币余额超 1000ET4 的经纪人提供高级分析和票价预测。不过，活动组织者可以通过智能合同限制门票二次出售或二次出售佣金来调节二级市场的价格。在这种智能合同调节下，2016 年上海迪士尼开幕首日价格翻倍不止的黄牛票将不复存在，即使在开幕前 1 秒你都可能抢到低于票面价值的折扣票。值得一提的是，Eticket4 还提供免费的送票到会场的便捷服务。当然，区块链平台去中心化最实惠的优势就是便宜的交易手续费和中介服务费，票据业务也不例外。在 Eticket4 上，代币交易费用仅为 2%。

当然，你也可以甩手交给一些旅游服务公司帮助你定制旅游行程。区块链旅游平台都为旅游相关供应商提供了接口，所有交易都能基于智能合约自动完成，无须人工操作，服务商会为用户提供行前、行中、行后的全流程个性化的旅游服务。旅客对供应商的选择范围更广，可以选择链上全球供应商，不用担心跨境支付的手续费、安全性等问题。

四、汇兑

最后，你需要给自己准备些当地的货币（列弗）供旅行开销。兑换过货币的人都知道，汇兑手续费是一笔不小的费用，国内手续费稍低，机场或当地的现金兑换汇率则高得离谱。如果行程结束后你手中的外国货币还有剩余，你还要再兑换回人民币，双重汇兑手续费让你的旅行成本平白增加了不少。即便是刷卡消费，境外刷卡的手续费一般在 3%—4% 之间，即便是 VISA 或 MasterCard 等国际卡组织也需要向发卡行收取 1%—1.5% 的国际交易费。即便是银联卡号称全球刷卡无手续费，在境外刷卡时会把当地货币自动转换为人民币入账，但是银联卡的汇率较其他银行高，相当于暗含了货币转换手续费。而 2018 年，澳大利亚布里斯班国际机场率先支持数字货币支付，是世上首个接纳数字货币支付的机场，在这个机场无论是商店、餐馆还是免税店，旅行者都能用数字货币进行支付。

在数字货币 ATM 机的普及下，你不仅能在机场使用数字货币，还能把数字货币兑换成法定货币，在当地任何地方享受免汇兑手续费的变相折扣消费。当然，如果这段旅行结束后，你的当地货币还有结余，你也可以找数字货币 ATM 或者数字货币交易所，用法定货币购回数字货币。在新加坡购买数字货币，在出境时甚至还能享受退税优惠。2013 年温哥华的一家咖啡厅内就出现了第一台数字货币 ATM，到现在全球已经有 3000 多个数字货币 ATM，2018 年阿姆斯特丹机场、保加利亚首都索非亚的一个购物中心都安装了数字货币 ATM。根据 Coinatmradar 提供的数据，平均每天有 9 台新增数字货币 ATM。

除上述应用外，区块链旅游生态还有很多其他应用，比如在 ITEC 上你能通过定位系统分享你的旅行足迹，在 Loyyal 上通过消费忠诚积分获取奖励，在 Tripio 上通过发表评论、邀请好友加入、发表旅游攻略等获得代币奖励。

小　结

其实区块链技术对于旅游而言，更重要的是改变了原先固有的销售方式，进一步提高了销售数据的准确性，让游客和服务提供商之间的信息交换更加透明可信，建立起了这样的基础之后，才能够杜绝美联航"暴力赶客"事件的再次发生。

区块链＋灰色产业： 无法避免的行业之 "痛"

一、灰色产业带来的行业之痛

2019 年 1 月，拼多多后台出现了一个恶性漏洞，100 元无门槛券无限使用。据相关媒体报道，拼多多被薅下的羊毛高达数亿元，但是拼多多公关称损失不过数千万元，纵使如拼多多官方所说，这样的损失也绝不是一个小数字。是什么样的力量可以在深夜几个小时内让拼多多蒙受如此巨大的损失？这背后潜藏着的，就是互联网灰色产业（以下简称"灰产"）的力量。

灰产一直存在，并且呈现愈发活跃的趋势，不仅分工越来越精细、作业链越来越完善，应用的科技手段也越来越先进。这些人往往集体作业，通过软件同时登录多个账号，一旦某个网站出现了可以薅羊毛的机会，羊毛党们立马蜂拥而至。2018 年年底，星巴克营销出现漏洞，被羊毛党们薅了千万，活动紧急叫停。时隔一个月之后又出现了这次拼多多事件。

星巴克是老牌连锁咖啡公司，拼多多是美股上市的独角兽，都没能逃得过羊毛党的"毒手"，疯狂膨胀扩张的区块链产业下的灰产则更为猖獗。

二、与区块链相关的灰产领域

与区块链相关的灰产主要涉及羊毛党、白皮书代写、黑客、传销币、暗网等多种。

（一）羊毛党

羊毛党，顾名思义，就是专门薅羊毛的人，这个群体就是我们上面说的，导致拼多多和星巴克产生巨额损失的人。这些人辗转于各大互联网平台之间，利用软件抢各种优惠券、特价商品，从中牟利。羊毛党们有的是专业的工作室，装备精良技术强大；有的是高中生、大学生，时间充足。在 2018 年上半年，这些人几乎全部转战到区块链这个行业中来。当时虚拟货币行情火爆，层出不穷的各种币的项目方，为了扩大项目的影响力，往往会赠送一些代币来吸引用户，他们称这个行为叫"空投"，空投的代币叫"糖果"。手工抢糖果根本抢不到，羊毛党的软件一秒钟抢几十次，哪个手速能快过电脑呢？

前文已经介绍过的迅雷玩客云，上线之初就被羊毛党哄抢一空。当时玩客云的预约人数有数百万，每天早上 10 点开放抢购，几乎都是秒没。迅雷本身也没能预料到玩客云这个项目能如此受欢迎，刚开始抢购没有要求实名，结果就沦为羊毛大军的盛宴。原价 399 元的玩客云，羊毛党们转手就能卖到 800 元。后来迅雷为了避免羊毛党的肆掠，加了实名制和激活码，虽然抬高了抢货门槛，但依然拦不住这个娴熟的产业链。甚至因为奇货可居，玩客云的价格一度涨到了 1500 元。

羊毛党本身并不违法，除了扰乱市场秩序之外也很难说他们给迅雷利益上造成了的实质影响，但是随之而来的政策风险，着实是让迅雷操碎了心。羊毛党们炒热的玩客云市场，再加上玩客云本身是一个不错的项目，这是一个不靠发行可交易数字货币实现盈利的区块链应用，玩客云在币圈受欢迎程度空前。这也就造成了2018年年初中国互联网金融协会发布的关于防范变相ICO活动的风险提示中，点名已更名为"链克"的"玩客币"，本质上是一种融资行为，是变相ICO，存在风险隐患。迅雷曾采取起诉上币交易所、玩客币转账实名制等一系列措施，来撇开和ICO的关系，但最终还是没能避开监管的铁拳。互金协会公告后，迅雷股价应声下跌。在这里面不能说完全没有羊毛党的功劳，可是羊毛党们游走在法规的红线边缘，挣得盆满钵满，却不会受到任何制裁。

（二）白皮书代写

白皮书代写，就是帮别人写区块链项目白皮书的业务。这个业务也不违法。2018年上半年，在淘宝上可以轻松找到几十家代写白皮书的淘宝店，一个白皮书代写的淘宝商品评价是这样说的："报告写得很专业，没有天马行空，很实际地加入了现代经济的元素。"这些代写白皮书的商品链接一般标价10元，并不明盘，真正的价格要和商家沟通，在竞争最激烈的时候，一套标准的中文区块链白皮书需要3600元，甚至还提供更为专业的中英文版，价格为6500元左右。你只要向客服提供项目的主要思路，主要包括项目币交易逻辑、项目币应用场景、盈利模型、公开售卖计划等内容，写手两三天就能帮你炮制一篇区块链项目白皮书。甚至还能帮你添加不被网络检索发现的团队海外背景，哈佛、耶鲁、斯坦福的专家，或者是苹果、谷歌的程序员身份，都可以伪造。最高级的代写服务还能提供有正规文献支持、区块链应用逻辑、欧盟法律框架下合规的区块链白皮书，报价15万。不知道多少空气币、传销币的项目白皮书，就出自这些淘宝里的文字工作者之手。2017年七部委发布的《关于防范代币发行融资风险的公告》之后，淘宝下架了所有白皮书代写的页面，但是这项业务并未禁绝，很多代写店铺虽然在严控之下成了一副空壳，表面上相关服务全部下架，但是暗地里还是在从事相关业务。

上面两种灰产对人的生命财产安全暂且还不构成威胁，下面我们要说的，性质上就更为恶劣了。其中，传销币、黑客全给人们造成财产损失；暗网则令危及生命。

（三）传销币

我们对传销可以说是一点也不陌生了，很多人深受其害，2017 年 8 月 985 大学生李文星身死天津，公安部门证实是因误入传销而死。18 个月之后，丁香医生一篇檄文吹响了天津整治传销的号角，希望李文星在天之灵得以慰藉。传销币就是区块链 + 传销，空气币通过 ICO 割韭菜，传销币只要一个系统就可以割韭菜了。传销币猖獗到了什么地步呢？仅在腾讯灵鲲平台上举报的传销币就有数千种，而这只是冰山一角，散步在各色 QQ 群、微信群里的传销币，数不胜数。

传销人员往往没有什么技术知识，因此也就出现了像代写区块链项目白皮书那样，开发传销币系统的外包服务。在深圳，单个传销币系统的开发收费为 6 万—10 万元，目前没有价格松动的迹象。这样的收费标准远超普通软件开发项目。一般的工作室开发软件，按照工时一周的收费为两三万，就算这样利润率也不错，传销币软件一周收费几万元，绝对属于暴利了。

传销币软件开发的这种暴利，对于传销币本身而言，甚至都有点微不足道。一般一个传销币项目少则赚几百万元，多则几千万元，甚至超过一亿元。

传销币分为南派和北派，北派传销多采用 VPAY 模式，南派多为持币生息模式。VPAY 模式出自 2014 年 7 月诞生的一款名为 VPAY 的传销币，该模式简单来说有三个特点。一是有杠杆，一般是 5 倍，也就是说你投 100 块，账户上可计息的余额照 500 块算。二是回本快，日息 2‰，几十天之内投的钱就可以回本。三是想要高回报，就得拉人头，拉的人越多，收入越高。现在这种传销币模式已经进化得很具有迷惑性，比如商城模式，用户通过购买某商品获得积分，并不是直接用钱来换，看上去和电商别无二致。

南派的持币生息模式。其特点是没有杠杆，但币价单边上扬。用户既赚利息的钱，也赚币价上涨的钱。无论是 VPAY 模式还是持币生息模式，其系统如果要持续运营下去，必须不断拉新用户持续投资。如果拉人头中断，立马就会崩盘。这点和所有传销项目都一样，本身不创造任何价值，纯粹就是击鼓传花的游戏。

对于此类灰产，我国明确禁止，各地陆续也抓获了不少借区块链行传销之实的不法分子，但多少还是有漏网之鱼。这里我们借银保监会官网区块链官方防骗指南的一段话，与大家共勉："请广大公众理性看待区块链，不要盲目相信天花乱坠的承诺，树立正确的货币观念和投资理念，切实提高风险意识；对发现的违法犯罪线索，可积极向有关部门举报反映。"

（四）黑客

黑客攻击是另一个会造成人民群众财产损失的灰色产业。目前市场上各色虚拟货币交易所的数量达到了上万家，这些交易所极易受到黑客的攻击，2014 年世界上最大的比特币交易所门头沟就是因黑客攻击而倒闭。

随着区块链概念的火热，黑客攻击的频次也逐渐升高。根据腾讯安全提供的数据显示，与虚拟货币有关的黑客攻击事件，从 2013 年到 2018 年上半年增加了约五倍，其中仅 2018 年上半年，黑客对虚拟货币的攻击就已经造成直接损失 20 亿美元。很多区块链的鼓吹者标榜比特币是世界上最安全的货币，但实际上，早在 2010 年，就曾有黑客通过比特币的一个原生漏洞一夜间创造了 1844 亿枚比特币。这个黑客当时的攻击只是一个玩笑之举，没有进行后续操作，不然我们也见不到现在的比特币了。

（五）暗网

由于区块链技术的匿名性，比特币曾被暗网广泛使用。在暗网上，不仅有贩毒、赌博、性交易，还有更险恶的人口拐卖。受区块链技术匿名性加持的暗网如虎添翼。通过区块链技术建立的最有影响力的暗网商店名叫"丝绸之路"，这个网站鼎盛时又被称作匿名版亚马逊。曾有瘾君子在国外社交平台上分享自己在丝绸之路上的购物经历：和线下交易相比，丝路上面的毒品不仅便宜，而且收货的过程也会通过第三方物流配送，所以即便盒子里的商品被发现，你也可以用不知道是谁邮寄的理由逃脱法律的审问。这个网站的创始人罗斯还曾多次在该网站上买凶杀人，而诸如人口拐卖之类更是屡见不鲜。根据国际刑警组织的报告，2007 年全球每年的跨国人口贩卖仅为 80 万，但这一数据由于暗网和比特币生态的繁荣，在 2015 年增长到了 800 万。

中本聪创造了比特币，而丝绸之路的创始人 Ross Ulbricht 则真正让比特币得以流通，Ross 也因此得到了部分比特币爱好者的支持。在很多比特币信徒的眼里，Ross 在暗网的 ID"DPR"是和中本聪同等重量的名字。

Ross 在 2013 年被美国警方抓获，"丝绸之路"也被查封。但是地下暗网的活动还在继续，不到 4 个月，"丝绸之路 2.0"就重新建立，之后梦网等其他黑市也陆续建立。美国国家安全局联合多个部门耗时两年才破获"丝绸之路"，他们又要花多少时间才能彻底捣毁这个庞大的地下帝国呢？

区块链技术巨大的造富效应背后是巨大的风险，我们在被区块链暴富的个例所吸引的同时，也要看到这个技术背后众多的灰色产业。

"区块链+"： 一种去中心化的生活方式

　　过去几年笔者曾去了两次南方，第一次是2010年左右，有一天晚上带的现金不够用，找了好久才找到自助柜员机，颇费了一番工夫。第二次去是2017年，没有带一分现金，仅凭支付宝和微信在南方待了半个月。现在回想起当年银行网点外摇晃的昏暗灯光还有几分感慨，移动互联网技术给我们的生活带来的变化是如此巨大，却又如此难以感知。

　　人们对新技术的接受和适应能力是非常强的：家里的老人会在微信群里转发养生文章；出门用滴滴打车；购物用淘宝、京东，现在又多了个拼多多；不想做饭就用美团或者饿了么点外卖。这些技术带来的生活方式往前数10年甚至5年，都还没有像现在这样普及，而现在我们看到那些穿着黄色或者蓝色服装的外卖小哥们，熟悉得就好像他们已经在路上奔波了几十年。

　　当人们适应了这些技术之后，新技术的各种弊病也同时被人们理所当然地接受了。比如你喜欢看的一个微信公众号，可能某天因为某些原因就被永远封停了，有些文章因为各种各样的理由被删除；比如滴滴、携程这些网站用大数据分析你的支付意愿，并据此上浮售价；比如美团和饿了么的外卖价格中，广告费和平台分成不断提高。你几乎听不到人们对于这些问题有任何抱怨，新技术的便利和弊病一起潜移默化地影响着我们，悄悄地改变着我们的生活。

　　这样的生活造就了一个又一个千亿级别的独角兽（见表5-1），但是这显然不是我们想要的理想生活。

表 5 – 1　中国独角兽企业（估值前 10 名）

公司	创立时间	公司类型	估值（亿美金）
蚂蚁金服	2014 年 10 月	第三方支付	1500
今日头条	2012 年 7 月	媒体	750
滴滴	2012 年 7 月	交通运输	500—520
陆金所	2011 年 9 月	金融	394
饿了么口碑	2009 年 4 月	消费	300
菜鸟网络	2013 年 5 月	物流	200
快手	2011 年 3 月	文娱	200
京东数科	2013 年 7 月	金融	190
微众银行	2014 年 10 月	金融	175
京东物流	2017 年 4 月	物流	134

资料来源：公开市场信息、如是金融研究院。

区块链技术下的生活可能会更加理想化一些：社交平台完全由用户做主，平台方不能肆意删除封禁限流，社交网络上的创作者版权得到技术的保护，他人难以抄袭；共享汽车平台直接对接车主和乘客，由过去互联网出租车公司的角色转变为真正的共享经济的践行者；订外卖直接向商家下单，由算法分配骑手配送，不用再支付高额的平台费用。

这两种生活最大的区别是什么？

一、买卖双方之间的信息垄断中介消失了

信息、垄断、中介这三个关键词，每一个都对应了一种盈利能力极强的要素。信息意味着收集和传播信息的能力。对于卖家而言，酒香也怕巷子深，需要将自己提供的商品或服务的信息传播出去，让更多的潜在客户了解自己。对于买方而言，到哪里能买到需要的东西，他需要了解商品的质量、价格等信息。举个简单例子，分众传媒主要做楼宇广告，就是我们每天在电梯里看到的那些广告。就这个看上去并不起眼的广告

业务，已经支撑分众传媒做到了 980 多亿的市值。这就是信息中蕴涵的巨大财富。

垄断意味着定价权。《孟子》有云："必求垄断而登之，以左右望而网市利"，甚至都不需要你有经济学知识，只要你懂这两个字字面上的含义，你就应该知道这其中的含金量。滴滴在收购优步之后，成为我国网约车市场上份额最高的公司，再后来就是大数据杀熟，同一段路程，苹果手机约车就是比安卓手机要贵。对此我们是毫无办法，我们总有要用车的时候，不会因为多两三块钱就不用？

中介意味着撮合交易并收取费用的能力。仅仅做个信息厂商是不够的，哪怕是垄断的信息厂商，比如央视，那些标王们拍得的《新闻联播》前几秒钟的广告，价值也不过几亿元，这对于互联网独角兽而言太过云淡风轻。只有参与到交易中去，才能最大限度地发挥信息的作用。

我们现在回过头来看一看，过去这些年崛起的互联网企业，几乎都是各种信息垄断中介平台。所谓的"互联网＋时代"，就是把我们过去各种各样的需求通过互联网的方式整合，做的几乎都是全国人民每人给我一块钱我就有 14 亿元这样的生意。从百团大战到滴滴优步的合并，从饿了么和美团的补贴战到 ofo 和摩拜的两败俱伤，经过野蛮的生长和残酷的竞争，在步入互联网下半场的今天，信息垄断中介们几乎已经覆盖了我们生活的方方面面。而一旦区块链技术取代这些传统的互联网公司，那么毫无疑问会给我们的生活带来天翻地覆的变化。如果真的能实现，那么说区块链是下一代技术革命绝不为过。

怎么取代呢？我们设想未来某天有一群程序员发明了一个新的区块链，我们就叫它比特外卖，所有参与比特外卖的商家、骑手、用户共同维护这个账本，商家信息全部写在区块里，用户在链上下单，算法自动分配骑手，用户对骑手和商家的打分也记录在区块里，由算法综合分配收益。这样的外卖模式能实现吗？短期内肯定是不行，目前区块链技术的信息含量和处理速度都远远达不到这种模式的使用标准。社群共同维护的模式稳定性也难以保证。比特币这种相对简单的程序，在社群共同维护下运行十年都被人们认为是奇迹，一个复杂很多的外卖链在社群维护下能够长期稳定运行目前来看是不可能的。

但是短期不行不代表未来不可能实现，永远不要低估技术发展的上限。20世纪末比尔·盖茨在参加一个脱口秀节目时，被主持人嘲讽道："你说互联网上能看比赛结果，我从收音机里也能听比赛解说，从报纸上也能看到比赛的情况，那么我要互联网还有什么用呢？"这番话在当年说出来是对互联网的嘲笑。区块链技术在目前的技术水平下可能只能解决一些简单的问题，但是在未来取得技术突破的情况下，未必不能跳出"区块链不可能三角"去高效安全地实现一些复杂功能。

有人可能会问，假设真的出现了比特外卖，开发它的人又靠什么赚钱呢，程序员们又为什么要去维护他呢？这个问题很好回答，我们看看比特币区块链从一万元到一亿元的故事，这是几乎不能解决现实生活中任何一个实际问题的比特币的价值，那么能解决实际问题、真正具有使用价值的区块链，又会价值几何呢？

二、数据的创造者拿回了数据的掌控权

"中国人对隐私问题的态度更开放，也相对来说没那么敏感。如果他们可以用隐私换取便利、安全或者效率。在很多情况下，他们就愿意这么做。"这是李彦宏先生在中国发展高层论坛上说的话。

究竟是中国人对隐私问题的态度开放，还是中国的互联网企业不重视保护用户的隐私？是我们不想去保护我们的隐私，还是他们的触手伸得太长让我们不能去保护我们的隐私呢？就在前不久，有网友爆料称，京东金融App会获取用户敏感信息截图并上传，在他的爆料视频中，他通过文件管理器在京东金融的文件目录里找到了一张银行App界面的截图。京东金融先是在当天矢口否认，次日又承认是系统开发错误并道歉。

如果每一个手机 App 都存在这样的"系统开发错误"，那么我们的智能手机可以称得上是史上功能最全、覆盖最广的监控器了，在这样的全方位监控下，我们无所遁形，没有任何隐私可言。

不法分子获取我们的信息之后会实施诈骗、会盗刷我们的信用卡，一些大型互联网公司倒不至于本末倒置做这些违法的事情，最多打一打擦边球，用我们的信息进行客户画像，做一些精准营销。大数据这种东西归根结底，可不就是杀熟嘛。精准营销原本也没什么不好，我常去吃公司附近的一家小面，每次都点微麻微辣，再加个煎蛋，吃得多了，收银员每次看到我就主动帮我点上一份微麻微辣带个煎蛋的面，也算省心。但是杀熟就不好了，我有的时候想加蛋，有的时候不想加蛋，不想加蛋的时候看到服务员已经帮我点好了，碍于情面也很少拒绝，这样我无形之中就多买了一些煎蛋。这还算比较好的，假如这家小面把我的口味和偏好的信息卖给别的饭店，下次我去别的什么地方吃饭的时候，分明不想吃小面，别人却端上一份微麻微辣带煎蛋的小面，这就很难受了。

现在你在一个平台搜索某个商品，没过多久你会在你访问的所有页面上看到这种商品的广告。甚至你的视线在某个广告页面多停留了 0.5 秒，算法也会判定你是潜在用户，向你推送相关的广告。如果有人觉得这个问题还没有那么严重，可以去百度下阿里妈妈，看看官网上的相关介绍，相信你会对我们的隐私产业目前形成的这个市场有新的认识。

我们的隐私正在被各种渠道使用，这已经是无法避免的事情，算法可能比你本人更了解你，洞悉这一点的张一鸣让头条系崛起成为新的巨头。但是我们这些数据的创造者，除了被精准投放各种内容之外，并没有从这种数据的肆意滥用中获取任何好处。

这也正是区块链生活对我们每个人的价值所在，那就是，让我们掌握自己生产的数据。你们想用我的数据，可以，但是怎么用、凭什么用，得我自己说了算。

看重商品的数量、种类和质量，是农业时代、工业时代的生活方式。

看重数据的使用和安全，是互联网时代的生活方式。看重数据的归属权，是区块链时代的生活方式。

西方发达国家的发展比较平滑，现在正处在互联网时代的生活方式。2018 年 5 月欧盟开始正式实行《一般数据保护条例（GDPR）》，这一法案甚至要比美国的数据保护法案要更加严格。违反该法规的企业，会面临着年收入 4% 或者 2000 万欧元的重罚。2018 年年底谷歌爆出数据泄露事件，旗下社交网络 Google + 泄露了 5250 万用户的信息。如果适用这一法案，谷歌 2017 年财报显示公司营收 7000 亿元，按照 4% 计算，其面临的处罚达到 280 亿元。

而中国由于改革开放 40 年的发展，快速地从一个农业国变成了一个工业、互联网混合发展的国家，反映出农业时代、工业时代、互联网时代三种生活方式交织的特点，呈现出来的也就是中国社会巨大的割裂。

小　结

在这个巨大的社会割裂下，消费升级和降级同时成立，隐私的保护和隐私的滥用也同时存在。但是从发展的角度看，未来区块链时代的隐私保护才是大势所趋。过去我们的视频网站上充斥着各种盗版视频，现在都已被付费会员观看的正版视频所取代。同样，现在很多平台觉得数据是在平台上产生的，想怎么用就怎么用，甚至用来"杀熟"。但世界上没有免费的午餐，未来平台将必须为用户的数据付出足够的成本。

投资策略篇

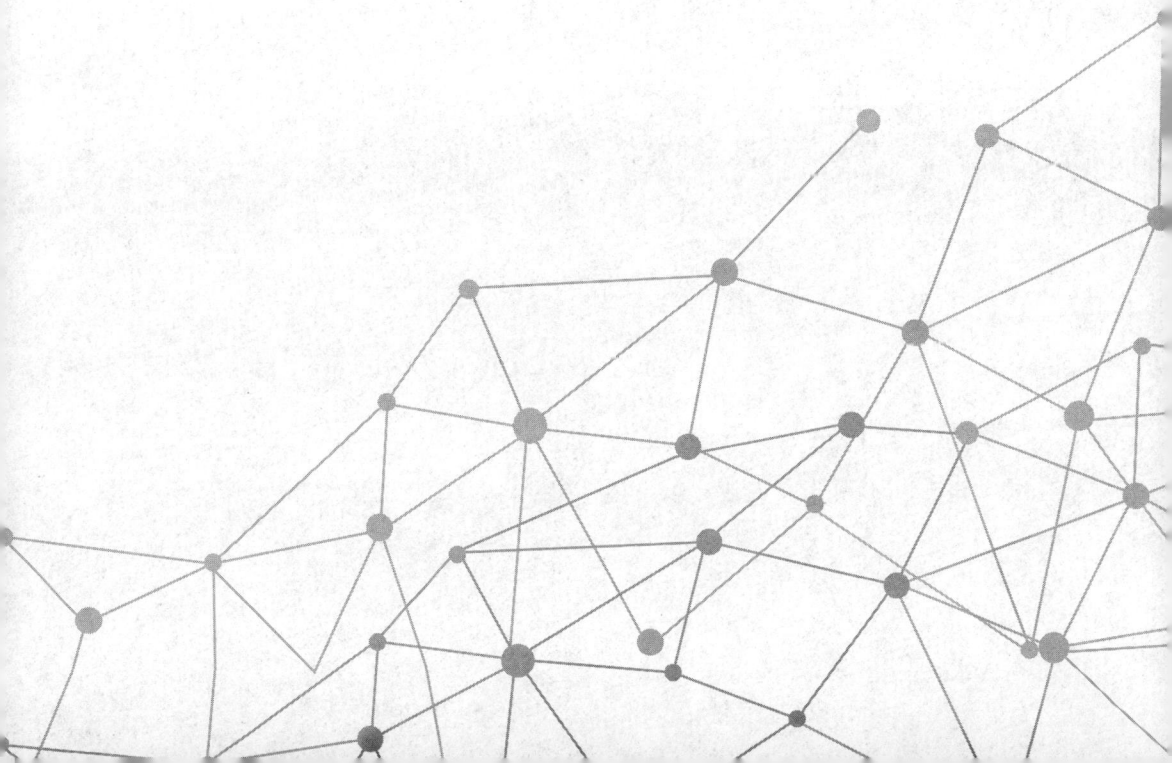

机会： 从一万元到一亿元的奇迹还会重现吗

从一万元到一亿元的奇迹还会重现吗？这个答案其实很简单，数字货币从一万元到一亿元的机会不会有了，但是区块链技术还有机会。

一、数字货币投资需谨慎

过去几年间，以比特币为代表的数字货币价格经历了万倍级别的疯狂上涨，即使是经过 2018 年数字货币熊市的持续下跌，这些主流币种的价格还是太高。资产的价格从 0 到 1 很容易，但是从 1 到 1 万就很难了。以比特币为例，2018 年年末比特币的价格约为 3600 美元，总市值超过 630 亿美元，这个价格再翻一万倍就是 630 万亿美元，美国 2017 年的 GDP 是 19.39 万亿美元，我国 GDP 经过多年高速发展在 2014 年才刚刚迈过 10 万亿美元大关，2017 年我国 GDP 约为 12 万亿美元。可以说比特币再翻一万倍是连想象力都无法达到的高度。

主流货币以外还有各种其他货币，这些货币有没有机会重现比特币一万倍的奇迹呢？我们用数据说话，全球范围内，2017 年 ICO 数量为 875 个，2018 年 ICO 数量为 1181 个，也就是说两年间至少出现了 2000 种数字货币。空气币、传销币和山寨币横行，韭菜割了一茬又一茬，说轻点叫青黄不接，说得严重一点呢，韭菜基本上已经被割绝种了。在过去数字货币最火热的时候，还能有不少人将其作为致富良机，现在谈到区块链加密货币，人们的反应就是"要凉""骗子"。2018 年上半年 ICO

的破发率为98.8%，大量项目的价格跌幅甚至超过95%。没有破发的几个项目基本都是稳定币项目。单凭这个数据，我们可以负责任地讲，ICO这个市场就是一个割韭菜的市场，只靠那么几个有限的暴富故事，没有新资金入场，其他人怎么可能在这个市场上挣到钱？更不用说什么一万倍的涨幅了，在经济下行周期，谁还能掏得起这么多钱，愿意掏钱的在前两年基本都被割得差不多了。另外随着法律和监管越来越规范，这方面可以说是彻底没有机会了。

对于普通人而言，一万元到一亿元的机会是没有了。那有人会问了，我没那么贪心，不要千倍万倍，甚至我也不要几倍，只要收益率跑赢银行理财行不行。从数字货币的炒作价值看，收益率超过银行理财是有机会的。数字货币市场价格波动剧烈，高风险对应了巨大的收益空间，等到资金流入数字货币的时候，一定还会有机会。上文提到几乎所有的ICO项目都破发了，大量的垃圾项目会在数字货币的漫漫长夜中消亡，在这样的行业洗牌期，或许会有优质项目脱颖而出，或许资金会重新流向比特币等传统公有链。有能力有魄力的投资者想必是能够在这样的环境下挣到钱的。但是我们再提一遍老生常谈的话题，在股票市场这种要监管有监管、要规则有规则、信息定期披露的相对比较透明的市场上，很多人尚且不能实现满意的收益率，想要在目前还不太成熟、不算透明的数字货币市场上获得靠谱的收益，难度只会更大。虽说风险与收益并存，但是投资数字货币钱最好还是好好考虑清楚，自己承担的风险与能够获得的收益是否对应。"投资有风险，入市需谨慎"。

网络上关于数字货币的信息已经泛滥了，市值肯定达不到以前的高点了。因为说到底区块链技术才是价值的所在，炒作可能使价格偏离，但是不会使价格长期偏离。

二、区块链技术才是价值的所在

历次技术创新带来劳动生产率的爆炸式增长，造就了无数巨头公司。

亚马逊，1997 年上市，股价最低为 1.31 美元，2018 年最高点为 2050 美元，把贝佐斯带上了世界首富的宝座，甚至有可能帮助其达成有史以来最富有企业家的成就。苹果，2003 年股价在 1 美元左右徘徊，最低时仅 0.8 美元，2018 年 10 月达到 231.66 美元，史上第一家市值破万亿美元的美国公司。腾讯，上市之初股价最低在 0.6 港元，2018 年年初最高达到 475.6 港元。前不久是腾讯 QQ 上线 20 周年纪念日，当年数百 KB 大小的一个程序，会创造如此巨大的价值，这就是技术的力量。优秀的公司市值一定可以翻很多倍，这个道理放在区块链技术上也是一样的。我们根据目前市场上和相关公司官网的一些信息，整理了国内几家优秀区块链技术公司的案例，供读者参考。

（一）云象科技

云象科技是国内最早从事区块链技术研究和商业应用的企业之一，成立于 2014 年，位于杭州。其核心产品区块链基础设施 Yunphant Chain 已申请 50 余项国家发明专利，2017 年专利总量位列全球第九。云象科技目前合作伙伴包括：民生银行、兴业银行、中信银行、中国银行、浙江金融资产交易中心、浙江知识产权交易中心、浪潮集团、泽金金服等数十家机构。

2018 年 10 月，中国银行、中国民生银行、中信银行三家设计开发的基于"分布式架构、业务环节全上链、系统衔接全自动"的"区块链福费廷交易平台"成功上线，并于当日完成首笔跨行资产交易。这一平台采用联盟链的形式，区块链基础设施就是由云象科技承建的。同一个月，云象科技帮助浙江金融资产交易中心搭建了金融产品发行审核系统。该系统基于区块链技术具有数据实时同步、安全共享、防篡改可溯源等特性，能够帮助浙金中心进一步优化工作机制，提升产品发行效率，为产品管理提供审议和决策依据。这一系统也是采用联盟链的形式，由浙金中心相关部门、会计师事务所、评级机构、律师事务所等组成，不同节点具有不同的操作权限，并通过智能合约技术简化业务流程。

前不久在清华大学举办的"第一届中国区块链产业经济发展年会"上，清华大学互联网产业研究院、工信部赛迪区块链研究院以及链塔智库联合发布了"2018 中国区块链企业百强榜"。云象科技位列该榜榜首，足见其技术实力雄厚。

（二）趣联科技

趣链科技是一支国际领先的区块链团队，核心团队成员均毕业于浙江大学、清华大学等国内外一流高校，并由中国工程院陈纯院士担任董事长。公司的核心竞争力为国产自主可控区块链底层技术，即 Hyperchain 底层技术平台，该平台在若干大中型金融机构的技术测评中均名列第一，也是第一批通过工信部标准院与信通院区块链标准测试的底层平台。

趣链科技的合作伙伴包括中国人民银行、上交所、深交所、四大国有银行和其他多家股份制银行，已经上线的区块链应用场景包括数字票据、资产证券化（ABS）、应收账款、数字存证、数据交易、股权、债券、供应链金融、溯源、物流管理等，其中大部分应用系统已经产生了较大的经济与社会价值，并有应收账款、投标保函、ABS 等经典案例录入工信部信息中心《2018 中国区块链产业发展白皮书》。

趣链科技目前已经完成了 15 亿人民币的 B 轮融资，投资方包括国家投资基金、上市公司与传统基金。这是到目前为止区块链行业通过传统融资渠道获得的最大的一笔融资，也是国家战略资本在区块链领域的单笔最大投资，趣链科技也因而成为区块链行业的第一个准独角兽企业。

（三）太一云

太一云也是国内较早投入区块链应用开发研究的团队，2014 年太一云研发的区块链系统已经能够应用于金融领域。太一云不仅为各行业的区块链应用打造稳定的底层技术平台，同时还能将区块链技术与互联网技术、物联网、大数据、云计算、人工智能等技术相结合，为客户提供最合适的区块链应用解决方案。目前太一云的落地项目涵盖了版权、食品、交通、医药、公益、供应链、大数据、旅游、金融等多个领域。并且与多个政府部门合作，2016 年 8 月，太一云为公安部 eID 系统提供区块链身份认证试点；2017 年 7 月，太一云与江西省赣州市政府合作，启动了地方新型金融监管沙盒；10 月，为广州黄埔区政府开发区块链金融交易平台。2018 年太一云有多个不同行业的应用项目落地，企业发展情况良好。

（四）布比区块链

布比区块链是一家国内领先的区块链金融科技公司，专注于区块链技术和产品的创新，已经拥有数十项核心专利技术。其区块链基础服务平台扩展性强，可以快速在基础平台上构建上层的应用业务，其性能也能够满足大规模用户使用场景。目前布比区块链已经在数字资产、贸易金融、股权债券、供应链溯源、商业积分、联合征信、公示公证、电子发票、数据安全等领域有广泛应用。

壹诺金融是布比区块链在供应链金融领域的解决方案，是基于其区块链技术打造的金融科技服务平台。该平台将区块链不可篡改、多方共享、智能合约等特点与供应链金融场景结合，将传统贸易过程中的赊购赊销行为转换为一种可拆分、可流转、可持有到期、可融资的线上电子凭证。在传递核心企业信用的同时，缓解传统业务场景下信息不对称、信任成本高及资金跨级流转风险大等问题。

壹诺供应链金融平台采用反向邀请的方式，以核心企业为邀请源头，将存在直接或间接贸易关系的上下游供应商逐级邀请进来，在平台上搭建自己的价值流转网络。在业务场景方面，核心企业基于真实贸易背景下的债务关系去登记应付账款凭证，并转移给对应的一级供应商。一级供应商再基于自己和二级供应商的关系，去完成应付账款凭证的拆分和流转。对于中小企业而言，只需要拿到平台上接收到的核心企业的应付账款凭证碎片，找到平台上的资金方，就能快速获得融资。

布比区块链的另一个比较成功的应用是布萌区块链数字资产网络，据官网介绍，这是一个数字资产的"银行"，这个"银行"不属于任何一个人，也没有任何人能够篡改里面的数字。该平台的服务器和节点由布萌社区众多成员共同部署和维护，服务用户过程中产生的数据通过共识机制会存储在区块链所有节点上，单一机构对于自身节点数据的修改无法通过其他节点数据验证，从而保障了数字的真实性，确保用户的数字财产安全。布萌目前的客户主要有阳光保险、众托帮、钱香金融等。

除了我们上面介绍的这四家企业之外，国内还有纸贵科技、众享比特、金丘科技等一批优秀的区块链技术创业公司，这些公司不仅有技术实力，还有经验丰富的创始团队。从这些公司中我们可以看到国内区块链技术行业不断发展的蓬勃生命力。

小　　结

我们都知道，目前以 BAT 为代表的互联网巨头也在积极尝试区块链技术应用。未来，无论是创业公司在激烈残酷的区块链行业竞争中拔得头筹，成为又一个独角兽重新定义我们的世界，还是传统互联网巨头继续称霸，下一个从一万元到一亿元的投资机会就在其中。

区块链投资防骗指南

网络上有一个说法，"区块链99%的项目都是骗局"，这个说法可能是有点夸张，但是毋庸置疑，在2017年下半年到2018年这一年多的时间里，市场上存在大量的区块链骗局。未来行业逐步迈向规范、各项监管措施趋于成熟，值得投资的项目会逐渐出现，各种区块链骗局会减少，但是不太可能消失，想要在区块链行业内获得投资收益，首先就必须要学会避开这些骗局，防止自己的钱落入不法分子的口袋里。下面我们来讲一讲几种防骗的方法。

一、亲自体验

一个好的区块链项目，必须要有落地的应用支撑，不然就如同空中楼阁，怎么也不会成功的。项目落地的应用也有好坏，判断的最好方法就是自己去体验一下，看看究竟是不是像项目方说的那样好用、相对其他的区块链项目究竟有没有优势。

区块链落地项目中，能直接体验的2C项目比较少，大部分都是一些DApp。有一个网站叫DAppRadar，这是一个DApp分类排行的网站，目前DAppRadar中汇总了超过1800个DApp。在这个网站上我们可以从用户量、交易量、交易次数等多个维度查看DApp的表现。2019年年初综合排名最高的DApp是一个叫Epic Dragons的游戏，日活近八千，日成交量大约有一万美金。这个游戏打开之后画风就像2015年之前的网页游戏，UI 设计极其简陋，游戏机制简单：一局游戏中多个玩家共同挑战巨龙，玩家使用 500 个波场币可以操作角色攻击巨龙一次，击败巨龙后根据所有攻击巨龙的玩家贡献分得波场币奖励。玩家邀请新用户可以获得 100 波场币，有第三人加入玩家邀请的新用户的游戏时，玩家还能获得 50 波场币的奖励。这实际上就是一种变相的轮盘赌，套了个勇者斗恶龙的皮而已。

除了 DApp 之外的 2C 项目，比较成功的就是前文介绍过的迅雷玩客云了。当年区块链概念火热的时候，人人、天涯、迅雷这些老牌的互联网企业纷纷跑步上链，一时之间引人注目。许多企业上链闹出了笑话，比如之前某区块链峰会推出的"区块链保洁员"，劳动人民固然伟大，但张冠李戴的喜剧效果还是会让人忍俊不禁。而迅雷则是把区块链玩出了各种花样，个人体验下来效果还行，但是离"杀手级应用"还是有一定距离。

二、不能只看白皮书

白皮书这个概念说起来高大上，实际上就是区块链的产品说明书罢了。这也算是很多区块链骗局的固定套路了，搞一堆看上去专业的生僻概念、列一些不知道究竟能不能实现的复杂功能、讲一段改变世界造福人类的宏大愿景，实际上，官网很可能都找不到，更别提实际落地了。运营全靠微信群，募资都用支付宝，在两大互联网巨头的阴影下，却张口闭口去中心化的颠覆，也不知道这颠覆要从何说起。

我们来看看知名项目"太空链"的白皮书。它的白皮书是这么讲的："太空链基金会致力于通过区块链的思想来探索这样一种共识机制，去解决人类文明如何走向太空这一终极问题，并为最终人类文明走向太空持续输入坚实的力量。"此外，还声称其联合创始人曾在中本聪的指导下工作了两年，而且"世界上每个安卓手机、每个数据中心都能找到他的代码"。中本聪至今身份不明，如此漏洞百出的项目，在 2018 年 1 月 10 日仅通过私募就筹集了 10 亿元人民币的资金。NASA 给 SpaceX 的飞船订单是 1.3 亿美元，算起来刚好 10 亿元人民币，可惜太空链募得的资金并没有用在航天领域，据网络消息他们甚至连卫星设计图都是抄的。公开交易当天币价跳水，跌幅超过 70%，众多投资人蒙受巨大损失。

我们尚且能从太空链白皮书中看出漏洞，还有很多白皮书写得滴水不漏的，比如说自己和百度、腾讯、阿里战略合作，实际上不过是使用了百度云、腾讯云、阿里云。还有一些在团队成员介绍上贴一些外国专家，搞出一副国际化团队的样子，实际上照片都是从网上找的，那些技术专家说不定就是亚马逊的广告模特。所以说白皮书根本就不能作为判断一个项目好坏的标准。其他还有很多知名的靠白皮书圈钱跑路的项目等，这些项目的白皮书都写得很端正，甚至连专业投资者都中了招。我们在投资时要擦亮眼睛，不要重蹈他人覆辙。

三、警惕"大佬"站台

有币圈人士推荐的要更为警惕。这个推荐就像股市荐股一样，免费的才是最贵的。你以为大佬是带你走向共同富裕，带你实现财富自由，而大佬可能只是想割你的韭菜。网上经常会有调侃的话，说币圈大佬们就像种田的人，认真施肥、播种信仰，等到韭菜成熟，就是他们镰刀落下收割的时候。

2018 年中国比特币首富李笑来谈话录音泄露，首富声称自己是第一个帮帅初卖空气币的人，一卖就卖了六个月。这位帅初也是国内币圈大佬，在那副著名的币圈大佬扑克牌中，帅初位列 K 字高位。这两位大佬都能做出卖空气币的事情，其他咖位不如他们的大 V 站台，可信度又能有多高呢？比如新加坡共享单车品牌 oBike 的创始人石一，在币圈最火热的时候借助共享单车项目发布了数字货币 OCN，顾问团里还有某著名项目的创始人。OCN 上线六天之内就募集到了价值 4 亿元人民币的 ETH，这些 ETH 中有 80% 都被石一转移到了自己的口袋。ICO 之后石一疯狂抛售 OCN 变现，导致币价一直下跌，现在 OCN 价格无限接近于 0，甚至散户韭菜都没来得及入场，收割的全是私募的钱。

四、谨防传销币

传销在我国发展多年，甚至已经成了我国某些地区的传统产业，有一些国内传销集团甚至走出国门，走向世界。这个西方人发明的骗局，在我们东方智慧的力量推动下走上了更高的境界。当然，国家也发现了这一问题，并在严格整治传销产业。

传销币和区块链可以说是几乎没有半毛钱的关系，剥开那层区块链的皮，内核还是那些传销的手段。

一般来说传销币项目是这样进行的：首先，由传销头目在国外注册皮包公司并设立网站，通常巧立名目，伪造一些外国名人的言论来获取大众初步的信任。其次，通过网络渠道，主要是 QQ 群、微信群等形式宣传其传销币，以比特币的高额收益为案例，声称该传销币是下一代比特币，有时也通过线下讲座等形式宣传，采取专业的公关手段打消目标群体的疑虑。再次，吸引成员入会，一般要认购一定数量的传销币才能入会并享受收益，入会费不退，入会后间接或直接发展下线可以获得奖金，并且形成一定的上下层级关系。最后，早期入会将信将疑的会员会享受到一定的收益，等他们追加投入资金，但是却没有新的下线加入时，传销币资金链就会断裂。

实际上传销币就是将传销中卖的那些会员商品，比如保健品、酒、茶叶之类，替换成了传销币。受骗者也并不是不能辨别传销币，而是在暴富宣传的诱惑下失去了理智。对于传销币，我们不仅要谨防自己落入其陷阱，还要防止自己的亲人受其蛊惑，保住家人多年辛苦积累的财富。

五、谨防荐币

对于像"二道贩子"一样的人在微信群、朋友圈里卖ICO份额，我们一定要小心。道理很简单，如果是你，你会把自己打到的新股以上市第一天的价格卖给别人吗？这些卖ICO份额的人中，十个里有九个是在击鼓传花的游戏里想把花传给你。

不仅如此，在过去两年币圈最火热的时候，一种新型的骗术也应运而生，就是利用币圈的信息不对称，教你炒币来获取信任，最终骗取你的财富。方法有两种，一种是简单的概率游戏。这个原理也很简单，骗子通过微博、微信等手段，发布一些关于币价的预测，同时发给数万人，一部分人收到的是涨，一部分人收到的是跌，在结果出来之后给收到正确预测的人再重复这个操作，几次之后就可以在一些人们心中建立起炒币高手的形象。

另一种是骗子团队本身资金实力强大，可以操纵某一种市值较小的数字货币的币价，骗子们建立社群并在其中推荐数字货币，几次操作之后保证能将各色散户迷得心服口服，等到这些骗子们圈到了钱，除了报警之外，没有其他任何手段能找到他。

小　　结

区块链投资落脚到最后，其实就四个字——"去伪存真"，希望大家在阅读本书后，能够通过自己对区块链的认知完成这一过程！

后记： Facebook 发币， 区块链的爆发期到了吗

笔者身边有一个朋友，在区块链爆发的时候入市，做了一个交易所，结果还没开始运营，币圈的形式已经一天比一天恶劣。最后只好转型去了共享办公领域。不过随着比特币转暖，又回到了区块链领域。

本书写作之时，区块链还在从 6000 美元向 3200 美元俯冲，正式结束的时候比特币价格在 3700 美元左右。转眼间本书即将出版，比特币已经重回 11000 美元，按这个速度，离历史高点只有一步之遥。Facebook 作为世界上最瞩目的科技巨头，也开始了发行 Libra 数字货币的计划。一时间众多业已转行的区块链从业者又回到了区块链领域。

这次数字货币市场的回暖更多的是全球资本市场回暖带来的资金效应、比特币产量即将再一次减半的预期效应以及 Facebook 宣布发行 Libra 数字货币的消息催动。这里我们就讨论一下 Facebook 的发币会成为开启区块链爆发期的关键性事件吗？

Libra 是一种超主权数字货币？一个对现有货币体系的挑战者？还是 Facebook 艰难转型的第一步？Facebook 的"野心"被无限解读，很多媒体认为"Facebook 想做世界的央行"。但是在仔细研读过白皮书后，笔者发现，Libra 集合了现有数字货币的功能，并通过与一篮子法定货币挂钩提高稳定性，是一个重大突破，但 Facebook 想借此成为全球央行还为时尚早。笔者认为 Libra 不是美元，Facebook 也不是"世界的央行"。实际上，目前基于区块链的数字货币只是现有货币体系的附庸，虽然能够打

破不同金融体系的障碍，降低资金流转的成本。但从根本上来说，它并没有改变旧有的货币体系。只是因为发行人是一家跨国巨头，所以才会备受关注。

我们在本书中提到过，这种依附于法币体系的数字货币并不是货币的非国家化。众多引用这本书的人，与其说是引用了货币竞争理论，不如说是引用了哈耶克本人的诺贝尔经济学奖来给自己背书。

一、怎么理解 Libra？

Libra 开启了数字货币的超主权信用时代。这是一种币值稳定，旨在解决现有金融体系高成本、触及面窄等问题的全球性数字货币。

根据白皮书，Libra 的发展可以划分为两个阶段。

• 许可型阶段：在白皮书发布至 2019 年年末，将由 Facebook 承担领导角色推动项目进行。在 Libra 网络发布后，项目将进入许可型区块链阶段，只允许授权节点作为验证节点接入区块链平台。这意味着只有这些交了钱（1000 万美元）或者有足够实力的研究机构（100 个节点）才有话语权。

• 非许可型阶段：在网络发布后 5 年内逐渐向非许可型区块链阶段过渡，届时将允许所有个体作为验证节点接入区块链平台，在这一阶段用户根据持有 Libra 数量的不同，拥有不同的话语权。

总体来看，Libra 用自己的技术实现了 USDT/稳定币 + XRP + EOS 的功能整合，提供了一种切实可用的全球性数字货币，具有币值稳定、交易成本低、安全、匿名、不可篡改和组织自治的优点。

安全、匿名和不可篡改是来自区块链自身的特性，交易成本低是因为它像 Ripple 一样，站在现有的金融体系肩膀上，减少了不必要的中转成本。这些专注跨境支付的数字货币正在试图将这些银行或支付机构都纳入到自身的体系内，相当于用新的规则调配传统金融机构，通过这种方式节约了跨境支付的成本和时间。

我们主要说一下 Libra 最重要的币值稳定和组织自治这两个特点。

一是 Libra 和一篮子货币挂钩，保证自身币价的相对稳定。Libra 的发行采用发售的方式，投资者可以使用法币购买。这部分法币将会作为储备资产，以货币或者政府证券的形式分散保管。这就保证了 Libra 的币值相对稳定，这同时也相当于 100% 的存款保证金，在保证不会出现挤兑事件也保证了不会通过超额发行、信用派生创造新的货币。Libra 协会并不会有自己的货币政策，Libra 的多寡由市场决定。仅仅在市场上某些经济体出现问题时改变一篮子货币的权重，降低问题经济体对 Libra 的影响，保证币值的稳定。

二是组织自治，参与者可以通过持有 Libra 参与线上治理。和主流的数字货币类似，Libra 在许可型阶段也采用了自治的运行方式。Libra 监管实体是 Libra 协会，是一家总部位于日内瓦的非营利性会员制组织。协会包含理事会、董事会、社会影响力咨询委员会、协会执行团队 4 个机构。其中社会影响力咨询委员会负责提出建议。执行团队由常务董事管理，负责执行协会的日常运作。

比较重要的是 Libra 的管理机构 Libra 协会理事会以及董事会。前者由验证者节点指派一名代表构成，共同决定相关政策对 Libra 进行引导，并通过管理储备资产的形式创造和销毁 Libra。后者则负责监督理事会并提供运营指导，由理事会成员选举得出。

有意思的是 Libra 的协会设置。在许可型网络阶段，想要成为 100 个验证者节点之一，需要至少投资 1000 万美元，每 1000 万美元有一票表决权。协会理事会的投票权和持有的 Libra 成正比，不过为了防止权力集中，投票权设有上限（1 票或总票数的 1% 中较高者，不影响收益权）。超额的投票权将会被分配给其他有能力运行节点，但是无法支付 1000 万美元的机构。在非许可型网络阶段，将由持有 Libra 进行投票来实现线上治理，任何人都可以通过持有 Libra 来拥有投票权。Facebook 在白皮书中承诺将在 2020 年之前放弃领导地位，转变为创始人，并承诺随着时间的推进，将会减少整个系统对 Libra 协会的依赖。

但 Libra 同样存在四个问题。

第一，Libra 不是美元，本质上只是现有货币体系的附庸。它的存在更像是使用了区块链技术的 Q 币，而不是一个旧有货币体系的颠覆者。Facebook 更不是拥有铸币权的美联储，它更像是对接数字经济和美元体系的一个中介。

由于 Libra 和一篮子货币挂钩的设定，Libra 将会被动承受一篮子货币所属政府所制定的货币政策影响，因此这种币价的稳定也只是相对的。结合 100% 的存款保证金比例，这意味着 Libra 不仅没有货币创造的功能，反而成为货币篮子的附庸，需要被动承受主权国家货币政策变动的影响。

过去的事实证明，世界货币政策往往会有很大的趋同性，上一次周期就是以美国的 QE 为首，各国政府共同经历货币宽松期。未来一旦全球大放水，Libra 只能被动保持一个相对较高的通胀率。

这种货币体系表明了 Libra 仅仅是作为法币的附庸存在，它相当于法币的影子，又如何同法币形成竞争呢？当然这也是政治上能被政府所忍受的唯一可能。同样地，超越国界的资本自由流动，如何能得到各国政府的认可呢？

第二，Libra 作为一个超主权主体，只能靠内部制约，没有任何外部监管。由于区块链对系统外的信息是无法确保的，它只能记录体系内的信息流转。那么作为最后决定者的 Libra 协会，如何确保协会不会出现超额制造 Libra 的道德风险呢？再说这种机制设定在许可型阶段，其实就是没有外部监督者，既然储备资产的利息会被用来支付运营开支，那么开支的合理性又将由谁来审查？对于外部的投资者来说，Libra 协会就像是一个黑箱子一样，制度也只是空中楼阁而已。毕竟在非许可型阶段 Facebook 放弃领导地位后，Libra 协会就会变成一个没有实际控制人的"公司"，而没有实际控制人的公司被职业经理人掏空的例子不在少数。

第三，匿名性和政府的 KYC（Know Your Customer）监管要求无法同时满足。比特币等以匿名性著称的数字货币滋生了黑客、洗钱、暗网等众多灰色甚至黑色产业。而 Libra 在允许匿名性的同时，又要满足政府监管的 KYC 的要求（需要实名制注册）。Libra 配套的加密钱包 Calibra 就是这样，也就是说，这种匿名性其实是不完整的。这些信息都将由 Calibra 控制。这样就存在一个问题，Calibra 的用户信息由于完全在系统的控制下，一方面又有了被企业主体非法利用的可能。另一方面对于黑客而言，Calibra 又是一个具有性价比的目标，用户的数据风险大大提高。

第四，治理目标很难实现，少数个体垄断 Libra 协会的可能依然存在。Libra 采取的其实就是一种变相的公司制，公司创始人的话语权并非最大，反而会随着"股份"逐渐稀释而减弱。关于投票权上限的设定，初衷是防止有个体对组织影响过大。而且白皮书中 Libra 也确认了将会阻止他人通过多个个体分别持有投票权的方式来限制。但是这是非常难以达成的条件，全球化的背景让持有人的背景穿透非常难以完成，更不用说进入非许可型网络阶段后，持有人可能遍及全球的情况了。因此这一条款在初期可能会有效，越向后发展，越有可能被利用，出现资本越多、话语权越强的单个个体。

如果承诺达成，这一项目在发展过程中会逐步脱离 Facebook 乃至 Libra 协会的影响。即使 Facebook 是创建者，对 Libra 的影响力也将由自身持有的 Libra 数量决定，这当然称不上是"Facebook 想要成为世界的央行"。

二、数字货币的发展方向是全民治理

现在金融系统某些方面与互联网诞生前的电信网络颇为相似。受到国界、法律等物理、文化间隔的信息传递手段，比如电报，信件等传递成本非常高。全世界的金融体系也由于国界、法律而被切分成一个又一个独立个体，为了资金的中转付出高昂的成本，普及面非常窄，这和互联网诞生前的电信网络非常相似。

互联网时代的核心精神在于它使信息跨越了物理、文化的间隔。所以从这个意义上来说，以 Libra 为代表的现有的数字货币，降低了资金流转的成本，更像是一场互联网革命（见表1）。

表1　不同时代的不同产物

时代	传递方式	典型特征
电信网络	信件、电报	受制于物理、文化间隔（国界、法律等），信息的传递成本极高
互联网时代	互联网	打破了前期的物理间隔，信息的传递成本极低
区块链时代	区块链	改变了信息的交互方式和组织形式，信息的传递成本低

资料来源：如是金融研究院。

那么一个理想型的数字货币应该是怎样的？关键点有两个：

一是如何发挥它的交易中介属性，更好地发挥数字货币低通胀、流动成本低的特点。哈耶克提出的解决办法是将货币与一篮子商品直接挂钩，通过不同货币之间的价格竞争使货币的价格与经济发展的规模相匹配，但是这一方法很难实现，究竟篮子内放什么商品，如何确定商品的比重，都是还未解决的问题。

而 Libra 选择的法币挂钩模式，使得货币供需的均衡是限定在某一价格水平的，而这一价格水平由一篮子货币的价格所决定。因此与法币挂钩的数字货币均衡是弱于与商品挂钩的数字货币，但这种方式的好处在于简单易行，只需要与一篮子货币的价格水平进行锚定，就可以确定数字货币的价格水平，但是这种方式无法确保低通胀这个目标的实现。

二是如何加强它的全民自治属性，避免出现货币由私人垄断的情况。我们在书中说过从微观个体，也就是公司体制上的去中心化，来解决这种企业的垄断，是唯一有效且可行的办法。Libra 采取的非许可型模式就是一个很好的试验机会。这种通过自治治理的制度在实际中的运行效果如何，将会是数字货币能否摆脱既有窠臼，推陈出新的关键所在。但是这种自治模式，除了交易速度、模型设计等诸多因素外，最为核心之外就在于智能合约的智能化程度不足，非常容易发生分歧。在公司治理中，有无数种行为存在，甚至会更容易发生分歧，过去众多的数字货币分叉案例就是一个很明显的例证。

因此从现实的角度来判断，Libra 的非许可型阶段已经非常符合数字货币未来的发展方向，不过受目前区块链效率、扩展性等方面的限制，其过渡期可能会长得超出想象。不过无论如何，种子已经种下，这究竟是改变世界的计划，还是既得利益者降维打击的圈钱项目？让我们拭目以待。

在文章的最后，感谢对本书作出贡献的两位同学尹达（山东大学）、徐子钧（新加坡国立大学），他们分别撰写了第二章和第五章中的部分内容。

责任编辑：李甜甜

封面设计：胡欣欣

图书在版编目（CIP）数据

区块链：数字经济时代的机遇和风险 / 如是金融研究院著. —北京：人民出
　版社，2019.9

ISBN 978 – 7 – 01 – 021080 – 3

Ⅰ.①区…　Ⅱ.①如…　Ⅲ.①电子商务—支付方式—研究

　Ⅳ.①F713.361.3

中国版本图书馆 CIP 数据核字（2019）第 164334 号

区块链：数字经济时代的机遇和风险

QUKUAILIAN SHUZI JINGJI SHIDAI DE JIYU HE FENGXIAN

如是金融研究院 著

朱振鑫　张　楠　杨芹芹　严添耀 主编

人民出版社出版发行

（100706　北京市东城区隆福寺街 99 号）

环球东方（北京）印务有限公司　新华书店经销

2019 年 9 月第 1 版　2020 年 7 月北京第 4 次印刷

开本：710 毫米×1000 毫米 1/16　印张：14

字数：184 千字

ISBN 978 – 7 – 01 – 021080 – 3　定价：48.00 元

邮购地址　100706　北京市东城区隆福寺街 99 号

人民东方图书销售中心　电话：(010) 65250042　65289539